EINE KLEINE LANDESBIBLIOTHEK

Herausgegeben von

Hermann Bausinger, Friedemann Schmoll,
Monique Cantré und Werner Witt

Band 4

Theodor Heuss

Schattenbeschwörung

Randfiguren der Geschichte

Eingeleitet und herausgegeben von
Friedemann Schmoll

Klöpfer & Meyer

Die Schreibweise und auch die Interpunktion folgen (bis auf das
Vorwort des Herausgebers) der älteren deutschen Rechtschreibung.

© 1948 by Rainer Wunderlich Verlag Hermann Leins, Tübingen.
Mit freundlicher Genehmigung der Deutschen Verlags-Anstalt,
München, einem Verlag der Verlagsgrupper Random House /
Bertelsmann GmbH, München.
© 2009 Klöpfer und Meyer, Tübingen.
Alle Rechte vorbehalten.
ISBN 978-3-940086-53-2

Redaktion: Andreas Vogt, Tübingen.
Umschlaggestaltung: Christiane Hemmerich
Konzeption und Gestaltung, Tübingen.
Herstellung, Gestaltung und Satz: niemeyers satz, Tübingen.
Druck und Einband: Pustet, Regensburg.

Mehr über das Verlagsprogramm von Klöpfer & Meyer
finden Sie unter *www.kloepfer-meyer.de*

Inhaltsverzeichnis

»Doch wollte ich die Dinge kennen lernen.«

Eine Einleitung

Es handelt sich bei den vorliegenden Portraits um Texte, die zumeist in finsteren Zeiten niedergeschrieben wurden. Nachdem ihm in der Nazi-Diktatur das politische Wirken nicht mehr möglich war, blieb dem Politiker und Publizisten Theodor Heuss vor und während des Zweiten Weltkriegs das journalistische Schreiben als Überlebensmittel. »Ich nenne mich selber gelegentlich Leichenfledderer, wenn ich in solchem Maße Spezialist für Gedenktage geworden bin«, räumte er 1942 in einem Brief an Oskar Stark ein und deutete an, dass Geschichte und Kultur als verbliebene Reservate einigermaßen freier Geistesäußerung ihm mitunter nur Ersatz für die Entbehrung politischer Stellungnahme geworden waren: »Manchmal juckt es mich ja auch in den Fingern, zu den aktuellen weltgeschichtlichen Dingen etwas zu formulieren, aber es ist wohl besser, wenn ich heute die Finger davon lasse.«

1933 hatte der 1884 in Brackenheim geborene Politiker und Journalist als Reichstagsabgeordneter noch – wenn auch widerwillig und nur aus Gründen der Parteiraison – in das Ermächtigungsgesetz eingewilligt, mit dem das deutsche Parlament der Hitler-Partei alle Gewalt im Staate überließ. Alsbald wurde er selbst Opfer der dadurch ermöglichten nationalsozialistischen Gleichschaltungspolitik. Nach dem Machtantritt der Nazis verlor er zunächst seine Dozentur an der Berliner Hochschule für Politik. Im Juli 1933 wurde ihm sein Reichstagsmandat für die »Deutsche Staatspartei« – Nachfolgerin der »Deutschen Demokratischen Partei« – aberkannt.

Das konnte kaum Wunder nehmen. In etlichen Reichstagsreden focht Heuss mit den Nationalsozialisten seine parlamentarischen Fehden aus. Vor allem aber legte er bereits 1932 in seinem in mehreren Auflagen erschienenen Buch »Hitlers Weg« eine bemerkenswerte und nach wie vor erhellende Analyse des Hitlerfaschismus vor. Darin zeigte er auf, dass die braune Weltanschauung nichts anderes war als ein aufgewärmtes Gebräu überkommener und abseitiger Ideen. Er wies warnend auf die Verschwisterung des Irrationalen mit scheinbar rationaler Wissenschaft. Beispielhaft hierfür sei die Rassenkunde, weil in diesem Fall eine ideologische Obsession mit wissenschaftlichen Mitteln legitimiert werde. Heuss machte das Trauma von Versailles als Humus für die Hitlerbewegung aus, deren Kennzeichen eine gefährliche Mischung aus Überheblichkeitswahn und Minderwertigkeitsgefühl sei. Wie viele andere demokratischen Kräfte unterschätzte freilich auch der schwäbische Liberale die revolutionären Energien der NS-Bewegung, die ihr zur Verankerung in breiten Schichten einer zutiefst verunsicherten Bevölkerung verhalfen.

Auch Heuss vermochte im Horizont des Jahres 1933 die Abgründigkeit und den Destruktionswahn des Nationalsozialismus noch nicht ermessen. Dennoch musste er nun seine Positionierungen gegenüber der braunen Bewegung büßen. »Hitlers Weg« landete am 10. Mai 1933 auf den Scheiterhaufen der nationalsozialistischen Bücherverbrennung. Von der politischen Bühne verbannt, blieb Heuss in der Diktatur des Nationalsozialismus nurmehr sein im Kaiserreich erlerntes journalistische Handwerk. Bereits als 18-jähriger Abiturient hatte Heuss 1902 in einer seiner ersten journalistischen Arbeiten Wilhelm Busch in einem Artikel für Friedrich Naumanns 1895 gegründete Wochenschrift »Die Hilfe« portraitiert. Bald besserte er mit Artikeln für die Heilbronner »Neckar-Zeitung« sein Salär auf und arbeitete zwischen 1905 und 1912 als Redakteur der »Hilfe«, dem christlich-liberalen Blatt mit ausgeprägtem volkspädagogischen Impetus. Von 1912 bis 1917 amtierte er als Chefredakteur wieder bei der »Neckar-Zeitung« im heimischen Heilbronn. Heuss pflegte bereits als junger Publizist die Liaison aus Kultur und Politik – ein Erbe der südwestdeutschen Geistesgeschichte, insbesondere der 1848er-Bewegung, in deren Tradition sich auch Heuss noch verstand. Die Sphären von Politik und Kultur gehörten im Horizont der Demokraten untrennbar zusammen. Die Pflege des Kulturellen war im 19. Jahrhundert lange Ersatz gewesen für die Verweigerung politischer Teilhabe unter autoritären Verhältnissen; die kulturelle Einheit half einstweilen über die ausbleibende nationale Einheit hinweg. Wie auch immer: Kultur fungierte im Denken der südwestdeutschen Demokraten als unverzichtbare Ressource des Politischen; hier konnte der Stachel des Subversiven geschärft werden. Dies verband Theodor Heuss mit etlichen politischen und kulturellen Protagonisten aus seiner Heimat, die er später während seiner journalistischen Laufbahn portraitieren sollte: Ludwig Uhland, Friedrich List, Ludwig Pfau oder Hermann Kurz.

Schon bei seiner Doktorarbeit, mit der er 1905 in München bei dem Nationalökonomen Lujo Brentano promoviert wurde, demonstrierte er jene Tugenden, die ihn auch als Journalisten auszeichnen sollten. Der württembergische Wein war dem späteren Redner, Politiker, Minister und Bundespräsidenten nicht nur zeitlebens Quell der Inspiration, sondern als junger Doktorand auch Gegenstand wissenschaftlicher Studien. Wie er in seinen Erinnerungen »Vorspiele des Lebens« berichtet, hat er für die Arbeit über »Weinbau und Weingärtnerstand in Heilbronn a. N.« nicht nur nüchternes Aktenstudium in den Archiven betrieben, sondern auch die Arbeit in den Reben und Kellern begleitet. Sein Credo: »Doch wollte ich die Dinge kennenlernen.« Genau das verlieh ihm bei allem, was er tat, Autorität – Lebensnähe, Anschaulichkeit und Einfühlung, präzise Beobachtung und die Verknüpfung von Theoretisieren und praktischem Tun.

Heuss schrieb als Journalist für den Tag, doch durch die Art und Weise, wie er dies praktizierte, erhielt Vieles weit darüber hinaus Substanz und Gültigkeit. Was die Handschrift des Publizisten Heuss auszeichnet, ist der Verzicht auf jegliche Hierarchisierung und Wertung von Themen. Er schrieb über Literatur und Kunst genauso feinsinnig wie über Politik und soziale Fragen oder Essen und Trinken (Plaudereien über die schwäbische Küche, Frankenwein). Das Repertoire seiner Sujets war unerschöpflich: Gartenschauen, moderne Technik, Photographieren, Wissenschaftsfragen oder das Ethos des Handwerks. Seine Themenpalette ist so vielfältig wie das Dasein der Individuen und das gesellschaftliche Leben: Heimarbeit, Heimatschutz, Tagespolitik, Denkmäler, Wandern, Schillerfeiern … In dem kleinen Essay »Journalist sein« umschrieb er 1912 sein publizistisches Selbstverständnis in ein paar schlichten Worten: »ein gutes Auge und ein aufmerksames Ohr besitzen, die Begabung, Zusammenhänge zu wittern, kurz, jene Fähigkeit, die in der Verbindung mit einem guten Sprachgefühl den wahren Journalisten auszeichnen.«

Nun also, da im Nationalsozialismus die Zeiten für einen aufrechten Demokraten schwierig geworden waren, blieb die Arbeit als Journalist und Schriftsteller. In diesen schweren Zeiten verdingte sich obendrein die

Gattin Elly Heuss-Knapp als Fachfrau für Rundfunk-
werbung und brachte Geld in die Haushaltskasse. Im
Mittelpunkt der Arbeit von Theodor Heuss stand zwischen 1933 und 1936 zunächst die Redaktionsleitung
und Mitherausgeberschaft der »Hilfe«. Im Horizont
des Jahres 1933 trat das Blatt den neuen Machthabern
noch unentschlossen, bisweilen auch vorauseilend
anpassungswillig entgegen und bediente mit einigen
unglücklichen Beiträgen nicht zuletzt den nicht erst
seit 1933 im Lande schwärenden Antisemitismus. Bald
freilich, seit 1934, häuften sich die Konflikte mit dem
Propagandaministerium. Zum Jahreswechsel 1936/37
legte Heuss notgedrungen die Schriftleitung nieder.

Als unfreiwillig freier Journalist verlegte er sich
zunehmend auf historische und kulturelle Themen,
verdingte sich mit Gedenk- und Jubiläumsartikeln für
die »Vossische Zeitung«, das »Berliner Tageblatt« oder
bis zu deren Einstellung 1943 die »Frankfurter Zeitung«. Für das renommierte Blatt, das nicht erst seit
1933 immer wieder antisemitischen Attacken ausgesetzt
war, schrieb er seit 1941 fast nur noch exklusiv. In der
»Frankfurter« durfte er allerdings seit Anfang 1942 nur
noch unter Pseudonym publizieren. Die öffentliche
Sichtbarkeit seines Namens war unerwünscht. Hitler
selbst, so hieß es, wollte den Namenszug von Heuss
nicht in einer Zeitung lesen. Seine Beiträge erschienen
von nun an oft unter dem Pseudonym »Thomas Brack-
heim« – freundliche Hommage an seine Geburtsstadt

in dunklen Zeiten. Das Prinzip des Pseudonyms, freie Meinungsäußerung im Schutze der Anonymität zu ermöglichen, war in der Nazidiktatur freilich ad absurdum geführt worden. Grundsätzlich war es nicht erlaubt, unter Pseudonym zu veröffentlichen. Ein solches durfte nur dann gebraucht werden, wenn es zuvor bei den zuständigen Stellen registriert worden war.

In der Zeit bei der »Frankfurter« reüssierte Theodor Heuss als Meister biographischer Skizzen, in denen er individuelle Lebensläufe mit historischen Zusammenhängen verwob. Mal rekonstruierte er, unter welchen Bedingungen beiläufige Zeitgenossen vorübergehend die Bühne des großen Welttheaters betraten. Für die FZ-Beilage »Bilder und Berichte« portraitierte er unter der Rubrik »Deutsche Köpfe« Repräsentanten des 19. Jahrhunderts aus Wissenschaft, Kunst, Literatur und Industrie. Auf diesem Wege hielt er in prekären Zeiten die Erinnerung daran präsent, dass nationale Kultur auch aus bürgerlich-liberalen Traditionen bestand. Hier avancierte er zum Meister seines Fachs. Er rückte manch prominente, oft auch vergessene Figuren aus dem Halbdunkel, leuchtete sie mit wenigen Andeutungen aus und machte über das Individuum hinaus die wichtigen Prozesse in Geschichte und Gesellschaft plausibel. Oft waren dies Protagonisten seiner südwestdeutschen Heimat, die er den Lesern bekannt machte: der Unternehmer Robert Bosch, der Arzt und Dichter Justinus Kerner, die erste ordentliche Professorin in

Deutschland Margarete von Wrangell, der Chemiker Robert Mayer, der Dichter-Ingenieur Max Eyth, der Soziologe Max Weber und viele andere Persönlichkeiten aus Baden, Schwaben, der Kurpfalz oder dem fränkischen Unterland. Mit dieser Region fühlte er sich nicht nur geistig und durch die demokratischen Traditionen der 1848er-Bewegung auch politisch verbunden. Seine familiären Wurzeln und beruflichen Wirkungsstätten machten ihn sozusagen fast zur Spezies eines »Baden-Württembergers« – lange bevor dieses Bundesland überhaupt existierte. Die väterliche Familie entstammte dem badischen Haßmersheim, wo sich die Vorfahren als Neckarschiffer verdingt hatten. Er selbst wurde im Zabergäu geboren, wuchs in der fränkisch geprägten Reichsstadt Heilbronn auf und wirkte nach der Nazi-Diktatur 1945 zunächst als Herausgeber der »Rhein-Neckar-Zeitung« im kurpfälzischen Heidelberg und alsbald nach dem Ende von Krieg und Diktatur als Kultminister von Württemberg-Baden.

Heuss verstand sich allerbestens auf das Metier des Biographischen, und so verlegte er sich peu à peu auf größere Formate. Sein Hauptaugenmerk hatte schon in den 1930er Jahren der Biographie des uneingeschränkt als Idol verehrten Friedrich Naumann gegolten, die dann endlich 1937 erschien. Auch andere biographische Studien lieferten genügend Stoff, um den Platz zwischen Buchdeckeln auszufüllen. Und alsbald zeigte sich, dass Heuss mit seiner soliden und vielfältigen Bildung in der Wissenschaftsgeschichte genauso zuhause war wie in der Architektur, sich auf Naturwissenschaften genauso versiert verstand wie auf Literatur- und Geistesgeschichte. 1939 erschien seine Biographie des expressionistischen Baumeisters Hans Poelzig (sie kam zwei Jahre später auf den Index der verbotenen Bücher), 1940 folgte die des Zoologen Anton Dohrn und 1942 jene des Chemikers Justus von Liebig. Seit der Übersiedlung nach Heidelberg 1943 widmete er sich fast nur noch den Studien über Robert Bosch, die nach Kriegsende, 1946, erschienen. Immer durchleuchtete Heuss dabei das Gespinst, das Individuum und Gesellschaft miteinander verband, rekonstruierte das historisch gewordene Gefüge und die gesellschaftlichen Verhältnisse, unter denen sich die jeweiligen Individuen zu entfalten vermochten.

Die in der Regel für das Zeitungsgewerbe verfertigten biographischen Skizzen waren mehr als nur journalistische Eintagsfliegen. Heuss bündelte bereits 1947 eine Reihe dieser Arbeiten zu einem Buch und stellte in seiner »Schattenbeschwörung« schillernde »Randfiguren der Geschichte« (oft Quertreiber, Phantasten oder gewiefte Außenseiter) in den Mittelpunkt. Bereits Ende 1942 gab es Pläne, eine Sammlung der biographischen Essays aus der Feder von Heuss unter dem Titel »Figuren am Rande« im Societäts-Verlag zu veröffentlichen – ein Plan, der nicht mehr realisiert werden konnte und nach Ende des Weltkriegs in einigen Buch-

publikationen nachgeholt wurde: neben der »Schatten-
beschwörung« waren es 1951 »Deutsche Gestalten.
Studien zum 19. Jahrhundert« sowie 1964 »Profile.
Nachzeichnungen aus der Geschichte«.

Nach Krieg und Befreiung engagierte sich Theodor
Heuss weiterhin mit jenem Handwerkszeug, auf das
er sich in seinem Leben immer verstanden hatte –
als öffentlichkeitswirksamer Autor wie bislang auch,
und nun endlich wieder als handelnder Politiker. 1945
wurde er zunächst Herausgeber der Heidelberger
»Rhein-Neckar-Zeitung« und startete mit über 60 Jahren seine zweite Karriere als Politiker – alsbald als
Kultminister von Württemberg-Baden, als Mitglied des
Parlamentarischen Rats und seit 1949 als Bundespräsi-
dent. Die Titulierung als »Papa Heuss«, die er in diesem
Amt erfuhr, war liebevoll gemeint und Ausdruck seiner
Popularität. Sie deutete einen Aspekt seiner Bürgerlich-
keit an, die bieder-patriarchale Seite nämlich, verharm-
loste freilich einen anderen, der genauso zu jenem Erbe
des 19. Jahrhunderts zählte, das Heuss in das »Jahrhundert der Extreme« (Eric Hobsbawm) herübergerettet
hatte – die Tradition der demokratischen Freiheits-
kämpfe und ein umfassendes und humanistisches Verständnis von Bildung, Kultur und Politik.

Friedemann Schmoll

Theodor Heuss

Schattenbeschwörung

Vorwort

Die hier vereinigten Aufsätze sind zum Teil einfach so entstanden, daß dem Verfasser daran lag, sich über bestimmte Namen, die in der Geschichte auftauchen, selber einige Klarheit zu verschaffen. Also: da tritt beim Berliner Kongreß der türkische Vertreter Mehemed Ali an, ein Zusatz teilt mit, er sei eigentlich ein Deutscher gewesen – und nun mag sich der Leser selber einen Reim dazu machen. Er findet nämlich nichts über ihn. Oder: in der Frühgeschichte des amerikanischen Sozialismus, bei den philanthropischen Experimenten des Robert Owen, stößt man auf den christlichen Kommunisten Georg Rapp – was war mit diesem los? Eine gewisse Liebhaberei, manchmal fast etwas wie ein sportliches Bedürfnis, führte dazu, nach geschichtlichen Erscheinungen zu greifen, die sich so am Rande der Geschichtsereignisse bewegen, vielleicht da und dort sogar zum Eingreifen in die großen Geschehnisse kommen – wie der Graf Reinhard, wie der Hans Kudlich – aber mehr von ihrer Zeit charakterisiert werden, als für diese selber wichtig sind. Daß die Lockung zur Darstellung wuchs, wenn es sich um skurrile oder abenteuerliche

Schicksale handelte, wird sich aus dem Charakter der Galerie erweisen, die nun zusammengekommen ist.

Als die Arbeiten im Laufe der Jahre erschienen, trat wiederholt die Anregung an mich, daraus ein Bändchen zu machen.

Geplant war dies bei der Niederschrift der Stücke nicht gewesen; sie sind Kinder der publizistischen Laune, und sie wollen auch nicht wissenschaftlich genommen und gewertet werden. Bei einigen der behandelten Figuren liegen Biographien vor, alte oder neue; darauf ist dann in dem Aufsatz hingewiesen. Bei den meisten der Aufsätze ist das Stoffliche aus vielerlei zeitgenössischen Werken, Büchern, Broschüren, Zeitschriften, Zeitungen, aus Briefsammlungen und ähnlichem zusammengebracht – eine sehr umständliche, gelegentlich enttäuschende, meist aber, wegen der Nebenwege, in die man sich dabei verliert, auch amüsante und anregende Beschäftigung. Die Aufsätze, für Zeitschriften oder Zeitungen geschrieben, sind natürlich ohne gelehrten Apparat erschienen; es würde mir ein falscher Anspruch für den Charakter der Arbeiten sein, wollte ich künstlich für die Buchsammlung etwas Derartiges zusammenstellen.

Man mag finden: der oder der paßt nicht ganz herein, wenn man nämlich das Absonderliche des einen zu sehr als Leitmotiv der Sammlung und daneben das Tragische des anderen als fremd empfinden würde. Solchen Einwand müßte ich hinnehmen. Die Essais über Waldeck,

Kudlich und Roth wurden aus besonderen Anlässen geschrieben – das Abenteuerliche ist in ihnen nicht angelegt, aber ihre Würdigung schien mir den Charakter der Sammlung nicht zu sprengen.

Stuttgart, April 1947   *Theodor Heuss*

Georg Friedrich von Waldeck

Soldat und Staatsmann des Barock

Vor dreieinhalbhundert Jahren, gegen Ende des Jahres 1692, starb, zweiundsiebzigjährig, in seiner heimatlichen Residenz Arolsen der Fürst Georg Friedrich von Waldeck. Dorthin, in »Einöde«, zog er sich von Zeit zu Zeit zurück, um in dem kleinen Ländchen nach dem Rechten zu sehen; es litt ihn nie sehr lange. Der Tod des älteren Bruders hatte ihn zum Chef des alten gräflichen Hauses gemacht; aber als ihm dieser Pflichtenkreis zufiel, waren sein Ehrgeiz und sein Tatendrang schon aus dem Rahmen eines bescheidenen Landesherrentums ausgebrochen, er hatte die Lockungen der Macht und der Weite geschmeckt – denen folgte er denn auch auf den wechselvollsten Schauplätzen, in dieser oder jener Verpflichtung, durch fast ein halbes Jahrhundert eine deutsche, schier eine europäische Gestalt. Waldeck war ihm zu klein.

Was er ihm hinterließ, war die Erhebung in den Fürstenstand und damit den selbständigen Sitz beim Regensburger Reichstag. Der Kaiser Leopold wußte ihm für seine Dienste zu danken.

Daß gerade ihn ein ernst gemeinter Dank vom Hause

Habsburg erreichte, ist überraschend genug, wenn man den Beginn seiner staatsmännischen Entfaltung betrachtet. Denn diese vollzieht sich im vollen und bewußten Gegensatz zu dem kaiserlichen Erzhause: 1651 hatte der brandenburgische Kurfürst Friedrich Wilhelm den gleichaltrigen Waldeck, der, von der Mutter her in Holland begütert, bei den Generalstaaten Soldatendienste genommen hatte, an sich gezogen und ihn im Jahre darauf zum Geheimen Rat ernannt. Der Fremde erschien als Eindringling; seine Anstrengungen um eine Finanz- und Verwaltungsreform blieben ohne Frucht. Aber er setzte gegen alle Widerstände der alten Berater durch, daß die brandenburgische Politik das Kielwasser der Wiener Politik verließ und sich eine neue Aufgabe suchte: an Stelle des mattgewordenen Kursachsens die Mitte einer festen norddeutschen, protestantischen Staatensammlung zu werden. Bernhard Erdmannsdörfer hat 1869 ein Buch über die preußischen Jahre Waldecks veröffentlicht; er sieht in Waldecks Verträgen mit den welfischen Häusern, mit Hessen-Kassel, in den Bemühungen um die Ausdehnung der Traktate, ein Vorläufertum zu Friedrichs II. Fürstenbund von 1785. Und es ist gewiß kein Zufall, daß die wissenschaftliche Wiederentdeckung des Mannes, von Droysens Aktenstudien vorbereitet, gerade in den Ausgang der sechziger Jahre fällt; führt nicht seine Linie auch zu dem Norddeutschen Bund? Albert von Hofmann hat denn auch »hier und da Bismarcksche Züge« bei ihm entdecken wollen.

Das mag nun auf sich beruhen – Waldeck ist durchaus eine Figur des 17. Jahrhunderts, es vollzieht sich in ihm selbst die Säkularisation einer konfessionellen Begründung der Politik, die sein frühes Antihabsburgertum geleitet hat, und der Durchbruch der neuen »Staatsräson«. Aber diese vermag er dann, in den fast bunten Situationen und Verpflichtungen, zwischen denen das soldatische und staatsmännische Wirken verläuft, unbefangen anzusetzen. Es ist nicht ganz leicht, diese barocke Erscheinung unter ein einheitliches Gesetz der großen Anschauung zu bringen. Denn die sehr kühne Planung einer norddeutschen Verselbständigung der brandenburgischen Führung, so unbefangen sie eine Anlehnung an Mazarin, eine Lösung der Kaiserwürde vom Wiener Erzhause veranschlagt, zerbricht in den Wirren des schwedisch-polnischen Krieges – als Friedrich Wilhelm den Frontwechsel gegen Schweden vornimmt; mit dem polnischen Bündnis, mit der Anlehnung an den Kaiser ist die Waldecksche Kombination an ihrem Ende (1658). Der Graf tritt als General der Kavallerie in die Dienste des Schweden: er war mit dem König Karl Gustav seit seinem Pariser »Bildungs«jahr als neunzehnjähriger Jüngling vertraut gewesen. Nur gegen Brandenburg sollte er nicht eingesetzt werden, war die Bedingung. Jene Zeit konnte daran so wenig finden wie an seinen späteren Bemühungen, in Frankreich, in England Dienst zu nehmen – ein Zwischenspiel ist seine Berufung zu den Welfen, denen er Braunschweig (das

Reichsstadt werden will) zurückerobert. Die Geschichte hatte größere Aufgaben für ihn in Bereitschaft. Blieb das Planen für den brandenburgischen Kurfürsten im halben geschichtlichen Bewußtsein fast nur wie ein Impromptu hängen, ein Einfall, der nach keckem Versuch der Ausführung in das Archiv der Denkschriften wanderte – was hat Waldeck, ein enormer Briefschreiber dazu, an Denkschriften fabriziert! –, so wurde fruchtbarer und wirksamer sein Tun und Treiben an der Seite Wilhelms von Oranien. Mit einundfünfzig Jahren trat Waldeck wieder, nun schon von einem historischen Ruhm umweht, in die Dienste der Generalstaaten, bei denen er seinen Ausgang genommen; das militärische Amt ging bald völlig auf in einer unerhörten diplomatischen Geschäftigkeit. Waldeck wurde für den Prinzen-Statthalter so etwas wie der Abteilungschef für die deutschen Angelegenheiten, der Eifer und die Wendigkeit seines Wesens erhielten von dem kühnen Willen und der Zähigkeit des dreißig Jahre jüngeren Fürsten die feste und bleibende Richtung: gegen Ludwig XIV. In Paris veranschlagte man das neuerliche Auftauchen des kleinen deutschen Grafen im Haag nicht allzu hoch, man erinnerte sich, daß einmal sein Angebot auch an die Seine gekommen war – über kurz oder lang mußte man aber spüren, daß der Oranier seine wichtigste Hilfskraft gewonnen hatte. Denn nun erwies sich dessen Doppelstellung als »staatlicher« Offizier und reichstagsfähiger Reichsstand als eine sehr eigentümliche Macht: reisend, schreibend, überredend, handelnd und verhandelnd sammelte er fränkische, rheinische, hessische, schließlich auch sächsische Fürsten zu einer neuen Einung mit einem konstruktiven Gesamtwillen zu militärischen und politischen Abreden. In Wien, auch in Berlin, sah man das zunächst mit Unbehagen – war das eine Reichsreform der Kleinen, die zu Gewicht kommen wollten? Aber es gelang schließlich Waldeck, am Kaiserhof selbst das Mißtrauen auszulöschen, das eine Belastung seiner Vergangenheit gewesen war: in der Laxenburger Allianz von 1682, die in der zeitgenössischen Publizistik nach ihrem Promotor einfach auch der »Waldeckische Rezeß« genannt wurde, brachte er den Kaiser und die Mehrheit der westlichen Reichsstände zum Bunde gegen Frankreichs ausgreifende Macht zusammen.

Der Türkenkrieg raubte diesem politischen Erfolg zunächst seinen Sinn, ähnlich war es zwei Jahrzehnte zuvor ja der Waldeckschen Politik in Brandenburg ergangen, die durch die polnisch-schwedischen Wirren überrannt wurde. Habsburg-Spanien, auf Frankreich starrend, hatte die osmanische Macht mißachtet, die Abwehr gegen den Osten band auf Jahre die Kräfte, und Waldeck, von den »Staaten« beurlaubt, trat als Feldmarschall vorübergehend auch in kaiserliche Dienste als Befehlshaber der Reichskontingente; ein freundlicher Beurteiler wie der Holländer P. L. Müller, der 1873–80 in zwei Bänden seine Korrespondenz mit

Wilhelm III. herausgab, möchte seinen Anteil an dem Befreiungskampf um Wien neben dem Karls von Lothringen und Johann Sobieskis höher gewertet wissen, als dies gemeinhin geschieht. Indessen, der soldatische Ruhm, den er in den fünfziger Jahren auf den polnischen Schlachtfeldern gesammelt, in Schweden und Braunschweig gemehrt hatte, will uns heute nicht mehr als recht begreiflich erscheinen – nicht dies, daß bei den Kämpfen Siege und Niederlagen wechseln, macht sein militärisches Talent etwas fragwürdig, sondern daß er, freilich nun etwas alt und marode geworden, während der flandrischen Kriegsjahre, die sein letztes Lebensjahrzehnt ausfüllten, das Ausweichen vor der Schlachtentscheidung als strategische Weisheit auch dann empfahl, wenn dem kühnen Zugriff der sichere Lorbeer winkte. Persönlich tapfer, ist er durchaus in der umständlichen Methodik des Kriegsverfahrens der Barockzeit steckengeblieben, die erst von des jungen Eugen Ingenium gesprengt wurde, ein rechenhafter Organisator, um Kriegsgerät, geordneten Nachschub, gute Quartiere besorgt; es hat etwas von seltsamer Pedanterie, wie Siege ungenutzt bleiben, bei den Niederlagen aber die drohenden Folgen doch wieder in einem gelassenen Umdisponieren abgewendet werden.

Das Werk von Laxenburg hatte in Berlin keinen Beifall gefunden, Friedrich Wilhelm hatte sich in der Verbitterung gegen Wien eng an Frankreich angeschlossen; eine eindringliche Vorstellung Waldecks an den Kurfürsten, mit dem er im Herbst 1681 in Pyrmont zusammentraf, blieb zunächst fruchtlos. Aber der Appell des alten Freundes, das Gesamtschicksal der Nation zu bedenken, wird nicht ohne Eindruck geblieben sein; sicher war es für Waldeck eine Genugtuung, daß der Große Kurfürst selbst noch die Wendung gegen Ludwig XIV. vollzog. Die Aufhebung des Edikts von Nantes, die Entrechtung der Hugenotten, gab ihm die moralische Basis des Absprunges.

Waldeck hat selbst nicht mehr den Ausgang des Ringens erlebt, das nun unter der Führung des Oraniers Europa gegen Frankreichs hegemoniale Ansprüche vereinigte, aber er hatte in dem Schlußakt eine tragende Rolle zu spielen. Sollte der Kampf gegen Ludwig gelingen, so mußte das England Jakobs II. von Frankreich losgerissen und in die Koalition eingebaut werden: Wilhelm, von der Mutter und der Gattin her mit einigen Erbansprüchen ausgestattet, wagt den Handel mit den englischen Oppositionsgruppen, Jakob flieht, der Oranier wird englischer König. Waldeck ist einer der wenigen Mitwisser der ersten Pläne, einer der diplomatischen Wegbereiter – als Wilhelm das Festland verläßt, ernennt er Waldeck zu seinem Stellvertreter mit allen politischen und militärischen Rechten. Für den alten Herrn ist das eine Aufgabe, die mehr Mühe und Sorge bringt als frohen Ruhm; die Krisenhaftigkeit der Kriegslage ist so aufreibend wie das Mißtrauen der Holländer verdrießlich und die Eigenwilligkeit der fremden Militärkontingente erschwerend. Aber es geht schließlich doch. Die Briefe, die von drüben kommen, zeigen ihm dankbare Treue, mehr braucht der Alte nicht mehr.

Das bleibt die eigentümliche Struktur seines geschichtlichen Wesens: Zwischen der Verhärtung des Territorialfürstentums wird er zum Sprecher eines realistischen Reichspatriotismus; der eigene Raum reicht nicht für die Bewährung eines ausgreifenden Willens, also wählt er, im fremden Dienst, die Möglichkeiten, fremde Macht zu prägen und zu führen. Der Standort wechselt, aber es begleitet den Mann der suggestiven Argumentation die seltsame Kraft, immer wieder ordnend und verbindend eine Mitte zu bilden. Und es schneiden sich in ihm während der wirren Jahrzehnte, die notwendig den halben und ganzen Verlegenheiten des münsterischen Friedens folgen, alle jene Tendenzen, die eine gesamtdeutsche Verantwortung im europäischen Kräftespiel wieder gewinnen wollen, zuerst in dem Gegensatz zu Wien und seinen spanischen Bindungen, dann in der Leidenschaft der Behauptung gegen die französische Übermächtigung. So bewahrt die starke Kontur seines bewegten Lebens eine feste Symbolkraft; kaum ein anderer Deutscher des werdenden politischen Barocks zwischen Wallenstein und Prinz Eugen ist ihm als Träger einer selbständig gedachten Reichspolitik zu vergleichen.

Engelbert Kämpfer

Der erste deutsche Forschungsreisende

An dem schattigen Kirchplatz von St. Nikolai in Lemgo liegt geduckt ein niederes, hochbedachtes Haus, die ehemalige Pfarre. Dort hat einer der seltsamsten deutschen Lebensläufe seinen Ausgang in die Welt genommen, in die sehr weite Welt – es schien ein Weg wenn nicht zur Größe, so doch zum Ruhm zu sein.

Aber der blieb im Versprechen stecken, welkte, schrumpfte ein zu einem Lokalrühmchen, das seit geraumer Zeit gewissenhaft gepflegt wird, zu ein paar Anekdoten und Notizen in gelehrten Nachschlagebüchern. Das Leben, das in einer für die Zeit unerhörten Schnellkraft sich die Fremde gewonnen und neue Schauplätze der Phantasie und der Erkenntnis erobert hatte, kehrte wieder in den lippischen Winkel zurück, dem es entstammte – ein unfrohes und halb verdrossenes, wenn auch viel beschäftigtes Alter schließt den Bogen müde am Boden; in der Höhe seiner Spannung hatte er Weite und Abenteuer und dazu reiche Wissenschaft angesetzt. Das hatte es auch alles gegeben, die Ernte war groß an Seltsamkeiten und Köstlichkeiten gewesen. Doch es fehlte ihr der Markt, und gewiß ermangelte auch der Mann, der sie geborgen, einiger Kräfte, um sie richtig in das Bewußtsein der Zeit und der werdenden Nation zu bringen.

War Engelbert Kämpfer, der so sehr und so lange dem völligen Vergessen verfiel, eine tragische Figur? Man scheut ein wenig dies Wort, denn es bleiben Elemente seiner Natur, so gründlich Leben und Werk neuerdings aufgedeckt worden sind, unklar und undurchsichtig. Er war auch nicht ein einfacher Pechvogel, denn wenn gewiß die Jahre, die er im Dienst der holländischen Ostindienkompanie am Persischen Golf, auf Java verbracht hat, eine Kette von Enttäuschungen zeigen, so gab es doch auch Glücksjahre und Glücksfälle genug. Er hat das selber aufs tiefste genossen, daß er lange am Hofe in Isfahan weilen und die innere Art Persiens im ausgehenden 17. Jahrhundert erleben konnte; nicht weniger, obwohl ja sein Forschungstrieb eigentlich immer auf Indien gerichtet blieb, war er sich des eigentümlichen Ranges bewußt, den ihm das Schicksal zuwies, da es ihn, einen der ersten Europäer, mit Japans Sitte, Ordnung und Natur vertraut werden ließ.

Drüben, in der düsteren Nikolaikirche mit den beiden unvergeßlichen Türmen, dem schlanken Helm, der barocken Haube, hatte der Vater tapfer gepredigt gegen die Hexen, aber auch gegen den Hexenwahn. In Lemgo muß es damals wüst zugegangen sein – Bürgerschaft, Kirche, Stadtobrigkeit in ewigen Händeln, eine Epidemie harten und bösen Verfolgungswillens, aus deren

Verstrickung sich auch der Pfarrer nicht lösen konnte. Sein Sohn aber wollte neue, frische Luft atmen. Es liegt der Frühschein der nahenden Aufklärungsepoche auf seiner Jugend, die vielleicht durch nichts so bezeichnet wird wie durch den ungeheuren Durst nach Wirklichkeiten und das Bedürfnis, sie zu ordnen und zu systematisieren, den Herrschaftstrieb der Benennungen und Beschreibungen, nicht der Deutung und der Spekulation. Die enzyklopädischen Begabungen blühen auf. Kämpfer gehört zu ihnen; was ihn auszeichnet, ist die Beweglichkeit und Lebensneugier, die schon seinen jungen Jahren eignet. Er ist 1651 geboren. Von der Lateinschule in Lemgo tut man ihn nach Hameln, dann kommt das Gymnasium in Lüneburg, in Lübeck, in Danzig die Trennung zwischen Gymnasium und Universität ist unscharf. Er treibt Philosophie, Sprachen, Geschichte, 1674 bis 1676 weilt er in Krakau, wo er Magister wird, dann geht es nach Königsberg, es wird immer weiter studiert, jetzt vier Jahre Medizin und Naturwissenschaften – ein angenehmes Hauslehrertum ermöglicht diese ewige Ausbildungszeit. Fast könnte es so aussehen, dies sei Ausweichen vor der Berufsentscheidung oder eben nur ein Hunger nach Gelehrsamkeit; dem Überblick über das Leben erscheint es als die rationellste Vorbereitung.

Dies Leben sucht die Fremde, die Weite – die Heimat kann ihm den Absprung nicht geben. Er wendet sich nach Schweden, 1681, wo nicht nur ein lebhaftes wissenschaftliches Leben blühte (Samuel Pufendorf wirkte dort), sondern auch politischer Unternehmungsgeist – der junge König Karl XI. plante Beziehungen zum Orient, und der junge Deutsche wurde als Sekretär einer Gesandtschaft beigeordnet, die im Frühjahr 1683 über Finnland und Moskau zum persischen Königshof reisen sollte. Das war nun noch keine Forschungsreise, wonach der Sinn des Mannes stand, aber es war doch eine Vorübung – seine Sprachenbegabung, sein Sinn für Menschen- und Naturbeobachtung, für geschichtliche Zusammenhänge, sein Geschick und sein Takt mochten sich bald bewähren. Er hat gründlich Tagebücher geführt – zu den frühen Berichten gehört der Eindruck; den er von der Moskauer Audienz notiert: der elfjährige Peter, der einmal der Große sein wird, hat ihn durch die unzeremonielle, knabenhafte Frische gewonnen. Ins Neuland für den Westeuropäer geht es dann über die Wolga zur Kaspis – er macht einen Ausflug nach Baku, in das noch wenig bekannte Naphthagebiet, es gibt manche Abenteuer, als dort ein Fremder auftritt. Die Darstellung der Naphthagewinnung aus jener Zeit hat gerade heute höchstes kulturgeschichtliches und technisches Interesse.

Ein Jahr, nachdem man Stockholm verlassen hat, trifft man in Isfahan ein; hier lernt der Wißbegierige nicht nur alte Geschichte, die ihn in das Grenzgebiet des Archäologischen verführt, sondern auch die Wirrnis der persischen Politik, ihre innere Struktur, ihre äußeren Bedingtheiten – wird es möglich sein, nun, nachdem man Asiens Pforten durchschritten, weiterzukommen? Den Schweden, so wohl er sich in ihrem Verband gefühlt hatte, ist er entbehrlich geworden. Aber vielleicht bietet die Holländisch-Ostindische Gesellschaft die Gelegenheit, Indien kennenzulernen, das seine Phantasie so sehr beschäftigt. In der Tat: die Verbindungen reichen aus: er tritt 1685 als Oberchirurgus in ihre Dienste. Doch das ist ein Verhältnis, das ihm langehin alle Erfüllung seiner Wünsche schuldig bleibt: so reizvoll die Reise durch Persien war, so schlimm wird es in der Hitze des Golfes – zwei Jahre bringt er in Bender-Abbas zu, krank, enttäuscht, freilich auch hier in seinem forscherlichen Eifer nicht zu brechen. Schließlich erreicht er seine Versetzung: über Stationen in Hinterindien kommt er schließlich nach Java, dort findet er Freunde, findet auch ein gewisses wissenschaftliches Leben und geht selber an systematisches botanisches Arbeiten heran – aber sein Ehrgeiz zielt auf das Unbekannte.

Und dies zeigt sich ihm jetzt. Die Holländer haben eine Konzession bei Nagasaki, es wird ihm die Stelle des dortigen Kompaniearztes angeboten. Von 1690 bis 1692 weilt er in Japan. Die Verhältnisse für die Fremden sind äußerst beengt – zwar haben die Holländer in einem kleinen Bezirk das Aufenthaltsprivileg, aber sie sind doch mehr oder weniger Gefangene, überwacht, auch unwürdig behandelt, wenn freilich es an Staatsaktionen,

Reisen zum Hof, nicht völlig fehlt. Hier nun, in den schwierigsten Bedingungen, entfaltet sich Kämpfers Energie, das fremde Land, Menschenart, Religion, Staatsordnung, seine Natur für die europäische Kenntnis zu erobern. Es ist ein gefährliches Beginnen, denn der Fremde wird mit Mißtrauen verfolgt – aber es gelingt ihm, auf den paar Reisen seine Augen offen zu halten, und er sieht gut, er gewinnt Vertrauen solcher, die von ihm lernen wollen, und die er nun aushorcht – so wird er der Mann sein, der als erster den Europäern systematisch und gründlich Japan beschreibt. Dies Gefühl, das Wissen gemehrt zu haben, hilft ihm über finanziellen Ärger hinweg, den er mit der knauserigen Gesellschaft noch durchmachen muß. Nach über zehn Jahren Abwesenheit kehrt er 1693 nach Europa zurück, jetzt würde es möglich sein, der Welt seine Erfahrungen mitzuteilen und den Ruhm zu ernten, den sein Ehrgeiz erwartete.

Aber der Ruhm blieb aus. Zwar machte der Graf von Lippe sein Landeskind zum Hof- und Leibmedikus, und Kämpfer ließ sich also 1695 nahe bei Lemgo nieder. Alte Freunde waren noch da, neue fanden sich, er war mit seinen Sammlungen von Kostbarkeiten und Seltsamkeiten immerhin eine überlokale Merkwürdigkeit, an Besuchern fehlte es nicht; doch fraß die Tagesarbeit Zeit und Kraft – es dauerte fast achtzehn Jahre, bis er 1712 mit den »Amoenitates exoticae« herauskam. So stattlich das Werk war, er betrachtete es als Vorläufer seiner systematischen Arbeiten über Japan, über asiatische Pflanzenwelt – die wurden wohl geschrieben, aber nicht gedruckt. Und die letzten Jahre verlaufen – eine dumme Zweckehe hat das Leben vollends verpfuscht – in Händel Prozeß, Krankheit; der Ausgang hat etwas Bedrückendes. 1716 ist Kämpfer gestorben.

Aber nun beginnt das eigentümliche Nachspiel: Ein englischer Forscher und Sammler Sloane liest in dem Vorwort der Amoenitates, daß Kämpfer noch andere Manuskripte besitzt, er läßt danach forschen, und Kämpfers Neffe verkauft für 102 1/2 Pfund Sterling 1725 den ganzen schriftlichen Nachlaß des Oheims an den Engländer. Der läßt die Geschichte Japans aus dem Deutschen ins Englische übersetzen (1727), holländische, französische Übertragungen folgen: »Und aus der 1747/49 in Rostock erschienenen deutschen Übersetzung dieser französischen Übersetzung der englischen Ubersetzung der deutschen Urschrift lernten die Deutschen zuerst ihres inzwischen berühmt gewordenen Landsmannes Japanwerk kennen!«

Karl Meier-Lemgo, der diesen Satz formulierte, hat vor einigen Jahren eine treffliche Biographie Kämpfers geschrieben und auch aus den Werken, die zum Teil lateinisch geschrieben waren, unter dem Titel »Seltsames Asien« eine sehr gut übertragene Auswahl herausgebracht. Er meint resigniert, daß es vielleicht ein Glück war, daß Sloanes Sammeleifer hier wirksam wurde – denn wer wollte sich in Deutschland um den Nachlaß kümmern, der da im Lippischen lag; das Schicksal der offenbar reichen Sammlungen ist völlig unbekannt. Im Britischen Museum in London ruhen die unveröffentlichten Handschriften des ersten großen deutschen Forschungsreisenden! Das ist die paradoxe Situation. Welcher kulturgeschichtliche Reichtum und was an Zeitatmosphäre in ihnen steckt, wird in Meiers Lebensbericht deutlich – er hat sie als Fundament seiner Studien benutzt.

Siebold und Bälz haben hundert und zweihundert Jahre nach Kämpfer der deutschen Japanforschung neue Impulse gegeben, und Siebold hat durch einen Gedenkstein auf Deshima seinen Vorläufer geehrt. Aber in das Bewußtsein der Nation ist er nicht eingegangen – er blieb eine Arabeske der Fachwissenschaften, der Botanik, der Ethnologie. Der Schatten, der auf seinem späten Leben ruhte, hat auch den Nachruhm verdunkelt. Und doch hat die Begegnung mit seinem Leben und seinem Werk etwas sehr Erregendes: er ist in einer unbestechlichen Sachlichkeit ein ganz ungewöhnlicher Erzähler, so daß das Wissen um das geschichtliche Kuriosum, das den lebensneugierigen Deutschen in der geheimnisvollen Fremde beobachtet, sich mit unmittelbarer Gegenwärtigkeit des Eindrucks mischt.

Der König von Korsika

Im Jahre 1768 erschien in London ein sehr reizvoll ge-
drucktes Buch: Mémoires pour servir à l'histoire de
Corse. Es ist, überraschend, dem Herzog von Württemberg gewidmet. Der Verfasser rechtfertigt die Gabe:
Mitglieder dieses Fürstenhauses haben dem Helden der
Memoiren einige Male ihr Wohlwollen erzeigt, seine
Achtung gewonnen. Der très humble et très obéissant
serviteur der Huldigung heißt Frederik. Dahinter steckt
ein Mann in britischem Soldatendienst, der offenbar seines eigenen Namens überdrüssig geworden war. Er
wollte gewiß nicht immer gefragt werden, ob und wie
er mit dem Baron Stephan Theodor von Neuhof zusammenhänge, der in vergangenen Jahrzehnten Europa
beschäftigt, beunruhigt, begeistert, belustigt hatte. Der
nämlich war sein Vater gewesen. Und hatte er nicht selber, damals ein Kind, einige Zeit als Kronprinz des Königreichs von Korsika figuriert? Solche Träume waren
vorbei. Auf dem St. Annen-Kirchhof in London war
seit zwölf Jahren ein Grabhügel; Horace Walpole hatte
eine Inschrift über das Spiel des Schicksals gereimt, das
dem Toten ein Königreich geschenkt und das Brot ge-

raubt hatte. Nun setzte der Sohn dem Vater, für ein mangelhaftes Sprachvermögen sich entschuldigend, mit schlichter Wärme ein literarisches Denkmal; es ist nicht das einzige geblieben.

Neuhof gehört zu jenen merkwürdigen Figuren des 18. Jahrhunderts, deren Wesen und Treiben das bequeme Geschichtsurteil erschüttert, daß in diesem Säkulum die »Vernunft« erfunden und zur Herrschaft gebracht worden sei; das Romantische war als Lebensform vorweggenommen, bevor es sich mit einer literarischen Begrifflichkeit verband. Den Historikern hat er denn auch immer sehr viel mehr Mühe gemacht als den drauflos erfindenden Fabulierern. Ganze Strecken seines Lebens liegen im Halbdunkel, sind mit Legenden durchwoben – das war die unvermeidliche Technik seines Lebens, das sich zwischen europäischen Aktionen und ewiger Flucht vor Gläubigern abspielte, daß er Spuren verwischte, unter Decknamen verschwand und dann unvermutet wieder mit sicherer Geste an die Rampe des Welttheaters trat. Für die Romanciers entstand eine große Lockung, in diese undeutlichen Stellen ihre Geschichten hineinzuzeichnen, sie haben das immer wieder besorgt, und wenn man des Neuhofschen Bildes habhaft werden will, gerät man sogar an den »Verfasser des Rinaldini«, jenen Vulpius aus Weimar, der als Goethes Schwager ein Winkeldauerleben in der Literaturgeschichte ergattert hat – diese Begegnung bei Neuhofstudien bleibt freilich ein fragwürdiger Gewinn.

Für einen guten und unbefangenen Spieler war das Europa jener Zeitspanne ein ziemlich einheitliches Spektakulum, das ihm mühelos das Auf- und Abtreten verstattete. Der Sohn des westfälischen Edelmannes war 1686 in Metz geboren; der Vater, angeblich wegen einer reichen bürgerlichen Heirat mit seiner Familie überworfen, war in französische Dienste getreten, und nach dem frühen Tode nahm die »Liselott« sich der Witwe und ihrer Kinder an. Der junge Baron wurde Page, er wurde Offizier, lernte die Kriegskunst, das Spielen und das Schuldenmachen, aber das Frankreich der Regence bot seiner Phantasie und Tatenlust nicht die Chance, die er brauchte. Die bot damals nur das Schweden des zwölften Karl, wo neben dem Soldatenkönig der deutsche Reichsgraf Goerz das Regiment leitete und an der Entwirrung der europäischen Dinge arbeitete. Goerz muß die sonderliche Begabung des jungen Menschen rasch erspürt haben: er holte ihn bei den Soldaten weg und verwandte ihn als politischen Agenten, an dem Hof von Madrid, in England, wo es galt, die jakobitische Bewegung aufzufrischen – das waren vertrauliche Missionen, die dem gut aussehenden, sehr beredten und doch diskreten Mann ein Stück Weltkunde gaben, Beziehungen schenkten. Aber Karls Tod, Ende 1718, dem bald die Verhaftung und Enthauptung von Goerz folgte, vernichtete auch Neuhofs Stellung. Wohin? Spanien nahm ihn auf. Alberoni, der allmächtige Minister, mit dem er wenige Jahre zuvor diplomatisch verhandelt hatte, stattete ihn mit einer Oberstenstelle aus; er wurde Hofmann, heiratete auf Rat seiner neuen Gönner eine reiche irische Emigrantin, eine Kilmanrock – aber das war ein falscher Entschluß, von dem er sich freimachte, indem er durchbrannte. Jetzt ging es nach Frankreich zurück, und die politische Laufbahn wandte sich in ein Glücksrittertum: dort, in Paris, stand eben John Law, der schottische Gelderfinder, in seiner höchsten Blüte, – Neuhof blühte mit auf und verwelkte mit ihm. Auch die Schwester, die durch Liselott in ein Grafenhaus verheiratet war, konnte ihm nicht auf die Dauer helfen. Law floh 1720, und Neuhof folgte ins Ungewisse, das einmal England, dann Holland hieß. Er scheint sich im Reich, in der Levante aufgehalten oder besser umhergetrieben zu haben, immer wieder in Handelsgeschäfte oder politische Pläne verstrickt – war er ein Hochstapler geworden oder im Grunde immer nur einer gewesen?

Das Jahr 1732 sah ihn in Florenz als Residenten des Habsburgers Karl VI. Also hatte er erneut Anschluß an die staatlichen Dinge gefunden. Aber er gab diesen nun einen eigentümlichen Rhythmus. Drüben, auf der Insel Korsika war wieder eine Erhebung gegen die genuesische Herrschaft im Gang oder doch für eine Lockerung der bedrückenden wirtschaftlichen und sozialen Rechtslage, worin die monopolistische Ausbeutung und Härte Genuas das Inselvolk hielt. Die korsischen Unruhen ärgerten Europa; Genua wurde selber nicht recht mit ihnen fertig, bat um kaiserliche Unterstützung, aber es hielt sich nicht an die Verträge und Abmachungen, die dabei stipuliert waren. Flüchtlinge und Verbannte kamen nach Livorno, nach Florenz. Neuhof hatte mit ihren Klagen und Sorgen amtlich zu tun, und indem er sich ihrer annahm, die Verfolgten beriet, ihr Vertrauen sich ganz ihm zuwandte, erwuchs der phantastische Plan: er, der westfälische Baron, wird der Befreier, der Retter, der Fürst dieses Volkes werden.

Daß das nicht aus dem Handgelenk geschehen könne, begriff er wohl, von den Erfahrungen eines bewegten Lebens gewitzigt: er suchte nach einer Stütze, die er wohl bei den Spannungen der Zeit irgendwo hoffte finden zu können; eine ferne Oberhoheit mochte, wenn auch vielleicht nur als strategisches Zwischenspiel gedacht, den Korsen erwünschter sein als die genuesische Bedrückung der Nähe. Er wollte die Kurie, er wollte Spanien, er wollte Wien für die Sache interessieren – aber die Mißgunst gegen Genua reichte doch nicht aus, daß man der Überredung folgte. Aber da war ja noch die Hohe Pforte, die dem Siebenbürger Rebellen Ragoczy nach seiner Unterwerfung ein Asyl geboten hatte – in diesem Mann fand Neuhof den Fürsprecher. Es mochte ein gewagtes Spiel sein. Aber immerhin: der gedachte Staat brauchte nicht mehr bei seinen Anfangsschulden von Livorneser Juden finanziert zu werden. Der Prätendent erhielt Geld, einige Schiffe, Waffen, Munition.

So landete Neuhof am 13. März 1736 von Tunis her in Korsika, in phantastischem Aufzug, mit Vorräten, deren lockere Hingabe den Ruhm seiner Schätze mehrte; die Parteihäupter der Insel waren im Spiel, am 15. April wurde er von der Consulta als Theodor I. zum erblichen König von Korsika gewählt. Das hat etwas Operettenhaftes (und eine Oper um sein Schicksal hat es einmal gegeben, vielleicht wird sich auch der Film seiner noch annehmen) – für Genua aber war ein ernsthafter Feind entstanden. Neuhof war nicht umsonst Soldat gewesen; er begann aus dem kriegerischen, aber undisziplinierten Hirten- und Schiffervolk ein kleines Heer aufzubauen, er erließ eine Rechtsordnung, wirkte selber als oberster Richter, begann mit Verwaltungsgliederung und Schulgründung, berief nicht nur aus seiner westfälischen Verwandtschaft soldatische Führer, sondern ermunterte durch Privilegien Handwerker und Kaufleute, an diesem Experiment teilzunehmen. Daneben nobilitierte er eifrig, machte Grafen und Barone, stiftete den Orden der Befreiung, ließ Goldmünzen schlagen mit seinem Bildnis.

Von dem fast ergötzlichen Notenkrieg, den die Republik Genua und ihr Widersacher führten, teilt Gregorovius in dem Korsika-Buch einiges mit, das 1853 diese Insel und damit den halbvergessenen Mann den Deutschen wieder entdeckte. Gregorovinius ist von dem Nachwirken, dem er begegnet, beeindruckt: »Er war ein Mann, wunderlich verwegen, phantastisch genial, unerschöpflich in Plänen, ausdauernder als sein seltnes Glück, und von allen tapfern Abenteurern der preiswürdigste, weil er für die Freiheit eines kühnen Volkes männlich Kopf und Arm verwandte.« Genua, da es militärisch des Gegners nicht Herr wurde, suchte ihn vor der Welt, vor den Inselbewohnern als hergelaufenen Scharlatan wenigstens moralisch zu vernichten; Theodor blieb, Witz und Pathos wacker mengend, die Antwort nicht schuldig. Aber die kecken Libellen ersetzten die Kanonen nicht. Parteiung und Enttäuschung der Anhänger ließen es ihm, November 1736, rätlich erscheinen, Korsika zu verlassen; er setzte einen Regentschaftsrat ein; der Kampf sollte weitergehen, und er ging auch weiter; der Mann gab seine Sache nicht verloren, auch als Genua um fremde Hilfe sich mühte.

Jetzt begann wieder ein Wanderleben, das Geld und hohen Verbindungen nachspürte, das die Gläubiger und die Genueser Politik immer zu fliehen hatte; Neuhof überredete Amsterdamer Juden, ihn zu sanieren und neu auszustatten, nachdem er aus einer Verhaftung ausgelöst war. In Korsika ließ er seine Wiederkehr ankündigen, und da die Genuesen ihre Teilsiege mißbrauchten, flammten die Erwartungen dem Irrenden entgegen. Seine Agenten brachten denn auch Geld, Waffen, Mut, der neu aufloderte, als Frankreich sich in den Streit mischte und Truppen nach der Insel entsandte; in Paris vermutete man Spanien als Rückhalt des Königs und wollte dem zuvorkommen. Im September

1738 erschien Theodor wieder vor der Insel, jubelnd be-
grüßt von der Menge, der seine erneute Gebefreudigkeit
imponierte; aber der Gegendruck des französischen
Befehlshabers riß die Meinung der großen Familien
auseinander – solche, die vor ein paar Jahren mit dem
Baron verhandelt hatten, widerrieten jetzt die Treue.
Und als es Franzosen wie Genuesen gelungen war,
einige der Troßschiffe abzufangen, mußte Neuhof den
Anschlag abbrechen. Und das Wanderleben durch
Europa setzte von neuem ein; man begann Theodor I.
zu vergessen, nachdem die Franzosen Korsika mit den
Waffen besiegt hatten.

Die Kurve fiel. Genua hatte einen Preis auf seinen
Kopf gesetzt, von seiner Hartnäckigkeit in Unruhe gehalten; wo immer er auftauchte und erkannt wurde,
forderte man seine Auslieferung. England gab ihm
einen Sicherheitsbrief; 1749 ging er nach London, wo ja
sein letzter Versuch auch amtliche Förderung erhalten
hatte. Doch er geriet in eine Falle. Der genuesische Gesandte gewann seine Gläubiger dazu, nun mit den
äußersten Mitteln gegen ihn vorzugehen, und er kam in
den Schuldturm. Fast sieben Jahre saß er dort, wie es
scheint, in der Elastizität seines Hoffens lange ungebrochen, bereit, mit Monopolen und Privilegien in seinem
Königreich, die er verpfändet hatte, seine Freiheit zu
gewinnen. Aber die Werte waren nicht realisierbar. Die
Not wuchs. Horace Walpole, der Sohn des Ministers,
veranstaltete eine öffentliche Geldsammlung, und als

Theodor 1755 entlassen war, mochte er hoffen, ein un-
bedrücktes Leben führen zu können. Aber kurz darauf,
im Dezember 1756, starb er.

Der Sohn schreibt in den Memoiren, daß der Vater
oft das Wort gebraucht habe: sés trésors etaient en dépot
chez ses amis. Er muß ein wunderbares Talent besessen
haben, die unmöglichsten Gelder flüssig zu machen und
zwischen den Großen jener Welt so aufzutreten, daß sie
ihre wahren Interessen in seinen Interessen gewahrt
fanden. Geschichtlich war Neuhof immerhin nicht ganz
ohne Bedeutung für die Formung des politischen Willens der Korsen, der dann in Paoli seinen Helden fand.
Der Witz will es so, daß die westfälische Heimat des
»Königs von Korsika« ein halbes Jahrhundert nach seinem Tode in dem Korsen Jérome Bonaparte auch einen
ephemeren König als Gastgeschenk der Geschichte erhielt.

Philipp Matthäus Hahn

Pfarrer und Mechanikus

Hermann Kurz hat dem Kornwestheimer Pfarrherrn in
»Schillers Heimatjahren« ein kleines Denkmal gesetzt.
Da wandert Hahn oft zu dem nahen Hohenasperg. Die
ehemalige Festung ist Gefängnis. Der General Rieger
hat als Altersamt die Befehlsgewalt. Er war einmal einer
der Mächtigen in dem Herzogtum Karl Eugens gewesen, war verdächtigt und gestürzt worden; auf dem
Hohentwiel hatte er selber das Schicksal der Einkerke-
rung erfahren und während ihrer die Bekehrung. Der
harte, herrschgewohnte Soldat wurde zum demütigen
Pietisten, aber der alte Adam brach immer wieder hervor. Damals war Schubart sein unfreiwilliger Gast;
der Pfarrer Hahn sollte die wilde, unbotmäßige Seele
des Dichters retten. Das gelang wohl, freilich in den
Grenzen oder in der schwer beherrschten Grenzen-
losigkeit, die Schubarts Natur bot. Immerhin war der
persönliche Eindruck des so frommen wie sicheren und
festen Mannes entscheidend. In dem barocken Schwung
seiner Sprache hat Schubart dem Tröster der schwersten
Jahre viele Dithyramben gewidmet:

»Mann, vor dem sich Gott enthüllte,
als er dich mit Licht erfüllte
und an Christus Statt geschickt;
Hahn, der mit der Lichtgeberde
in die Todesnacht der Erde
wie ein Stern vom Himmel blickt.«

Dieser Philipp Matthäus war eine seltsame Erscheinung, eine württembergische Sehenswürdigkeit des 18. Jahrhunderts. Nicht wegen seiner Theologie und seiner Frömmigkeit. Die schuf ihm wohl Anhang bei den Bauern und Schwierigkeiten bei dem Konsistorium. Aber wenn Karl August und Goethe auf der süddeutschen Reise von 1779 den Mann besuchten, wenn sein Herzog ein paar Jahre vorher, als Joseph II. in Stuttgart weilte, ihn rufen ließ, dann sollte er den vornehmen Fremden nichts von seiner Meinung über die Offenbarung Johannis und das Nahen einer christlichen Weltmonarchie erzählen, sondern seine Uhren und Maschinen vorführen und erklären. Da gab es wunderbare Räderwerke mit Sekunden, Minuten, Tagen, Monden, Jahren, mit dem Weg der Planeten, mit der Ordnung der Fixsterne; da gab es Rechenmaschinen, die nach ein paar Hebeldrücken in allen vier Spezies exzellierten – der Mann, der das erdacht, stand dabei, etwas verlegen. Es mangelte ihm nicht das Bewußtsein der Leistung, auch ihrer Unvollkommenheiten, die nur er sah und deren er noch durch Grübeln und Probieren Herr werden würde.

Der Ruhm machte ihn nicht eitel, sondern besorgt. An Rieger schrieb er einmal: »Es kostet mich allemal einen Tod, wenn ich den Fremden meine Maschine zeigen und ihre Lobsprüche einernten muß.«

Er war als Pfarrersohn in Scharnhausen geboren, aber der Vater, meint Hahns Biograph Engelmann, war oben nicht gut angeschrieben, dem Buben, der auch Theologe werden sollte, blieben die Erleichterungen des Landes für diesen Beruf, Seminar und Stift, versperrt. Seine Jugend war unsäglich hart, die Tübinger Zeit, da er durch Wochen draußen vor der Stadt am Brunnen nur Brot aß, damit die Wirtsleute die Armut nicht merkten, schwächte seine Gesundheit für immer; 1790 starb er, erst 51 Jahre alt. Doch hatte er Glück, daß er schon als Fünfundzwanzigjähriger eine Pfarrstelle bekam, auf der Alb in Onstmettingen. Für seinen Vater war das einmal ein Strafplatz gewesen. Dem Sohn ist dort heute ein Denkmal errichtet. Denn in den nur sechs Jahren seines dortigen Wirkens hat er die Zukunft der Gemeinde, und nicht allein dieser, bestimmt. Er wird als guter Prediger geschildert; Sammlungen seiner Predigten haben seinen Tod bei den schwäbischen Gemeinschaftsleuten hundert und mehr Jahre überdauert und mögen auch heute noch in manchen »Stunden«-Kreisen lebendig sein. Doch das Denkmal gilt nicht dem, der in Johann Albrecht Bengels Art und Nachfolge die Schrift auslegte, sondern dem Mann, der zum Dorfschmied Sauter ging und dem eine Zeichnung brachte, wie man eine brauchbare und genaue Waage machen könne. Auch der Lehrer hatte für solche Geschichten Sinn. Man bastelte und bosselte, der junge Pfarrer hatte Einfälle, überlegte und rechnete, fing im Pfarrhaus an zu hämmern und zu feilen. Er selber war ohne ökonomisch-spekulativen Sinn und baß erstaunt, als die Balinger dem Studenten vor ein paar Jahren für eine Sonnenuhr dreißig Gulden zahlten. In den Dörfern, die dann nachfolgten, reichte für das Geschäft ein Gulden. Aber Beispiel und Lehre blieben. In einem bis dahin armen Albdorf mit geringem Boden wuchs mit der Fertigung von Präzisionswaagen eine Weltindustrie.

Als der badische Markgraf Hahn für sein Land gewinnen wollte, erhielt dieser die gute Pfarrei Kornwestheim, 1771 bis 1781, später Echterdingen. Da war Stuttgart nahe und schickte ihm die Durchreisenden hinaus, da war aber auch das Konsistorium nahe, und dem gefiel nicht, was Hahn lehrte und wie er lehrte – er hielt in der Nacht mit den Gläubigen »Stunden«, und das war verboten, er ließ Schriften hinausgehen über Jesus' kommende Herrschaft auf Erden und das Tausendjährige Reich, ohne daß sie dem Konsistorium vorgelegt waren – da gab es Händel über Händel. Er mußte die im Selbstverlag erschienenen Schriften ausliefern und seine Verfehlungen eingestehen. Aber der seelsorgerliche, der prophetische Trieb war in ihm zu stark, als daß er sich den »unbekehrten Buchstäblern« der Landeskirche unterworfen hätte. Er ließ seine künftigen

Schriften im Ausland, in der Schweiz, drucken, darunter auch eine Neuübersetzung des Neuen Testaments. Bei späteren Schwierigkeiten schützte ihn das Interesse, das der Herzog an ihm nahm. Der war zwar katholisch, und das Konsistorium ließ sich nicht zu viel von ihm dreinreden. Aber er war immerhin mächtig.

Die Theologie Hahns mag Karl Eugen wenig interessiert haben, mehr die Franziska von Hohenheim. Die »Schwabenväter« des Pietismus, Bengel und Ötinger, stehen hinter ihr – Bengels arithmetische Mystik, die die Zahlen der Bibel zur Klärung des Weltgeschehens hin und her berechnete, hat Hahn stark bewegt. Bengel hat den Anbruch des »Reiches« auf das Jahr 1836 errechnet; es heißt, daß auch Hahns große Weltenuhr auf diesen Zeitpunkt eingerichtet gewesen sei. Das ist gewiß absonderlich. Aber charakteristisch genug für diesen seltsamen Schwebezustand des Geistes, in dem die exakteste und genaueste Rechenarbeit, die vorsichtige Geschicklichkeit des Handwerklichen, die nüchterne Überlegung für hundertfache Verbesserung und Verbilligung sich die Waage hielten mit einer spekulativen Wortauslegung, einer phantasievollen und zugleich innig-demütigen Versenkung in das Christus-Erlebnis. Die beiden Kräfte des Jahrhunderts, das Erwachen pietistischer Mystik und ein praktischer Rationalismus – Rechenhaftigkeit, und zumal maschinelle, ist immer rational – sind bei ihm aufs wunderbarste gemischt. Indem er den Kosmos in seinen Bewegungen und Gesetzen, mit höchster Kunst und sinnender Bedachtsamkeit darzustellen versuchte, glaubte er auch Sinn und Geheimnis der göttlichen Schöpfung näher zu kommen.

Nicht bloß der badische Markgraf, der Kaiser in Wien, die Zarin in Petersburg wollten nach Lavaters Zeugnis den technischen Allerweltsmann gewinnen. Oder war nicht eine deutsche Professur für ihn offen? – »Was wäre in England aus dem württembergischen Hahn, diesem wahrhaft Newtonschen Kopfe, und so manchem anderen geworden?« fragt Herder drei Jahre nach Hahns Tod in den Humanitätsbriefen. Das Wort bezeichnet den Rang, den der Schreiber dem Manne weist, ist aber als Frage, wenn man so sagen will, falsch gestellt. Denn dieser wollte Dorf-, wollte Bauernpfarrer bleiben. Es gab Zeiten, in denen der Gottesmann dem Mechanikus gram war. Hahn hat Tagebuchnotizen hinterlassen, fleißig, mit meist schlichten Vermerken, die auch Aufschluß über den Menschen geben. Hahn klagt sich etwa an; daß er einem Sterbenden keinen Trost mehr brachte: »Das griff mich sehr an, weil ich mich durch das liederliche Maschinengeschäft abhalten ließ.« Aber er glaubt doch, »daß es nicht Gottes Wille sei, es aufzugeben«. »Es sollte jeder Pfarrer eine Hantierung daneben treiben, so würde mancher nüchterner denken. Wer ganz allein aufs Geistliche sieht, der bekommt einen Rausch darinnen.« Dies Wort könnte vom »alten Flattich« sein, in dem die Begegnung von starker Frömmigkeit und unbefangen frischer Lebens-

53

kunde ihre für Schwaben klassisch gewordene Prägung fand; Hahn hatte in zweiter Ehe eine Tochter Flattichs zur Frau.

Daß man einmal im 19. Jahrhundert bei einer Friedhoferweiterung in Echterdingen das Grab des Pfarrers mit weggeräumt hat, ist fast ein Symbol. Die Welt, die ihn angestaunt hatte, vergaß ihn. Später haben die Uhrmacher sich daran erinnert, daß seine Erfindungen dazu beigetragen haben, Deutschland von der englischen und französischen Überlegenheit, die nach den dreißig Kriegsjahren eingetreten, zu befreien. Sie begannen ihn zu ehren. Die »Stillen im Lande« aber bewahrten in einer Ecke der Stube den »Fingerzeig zum Verstand des Königreichs Gottes und Christi«.

Der Kaiser von Madagaskar

Das Jahr 1790 brachte, aus der französischen Niederschrift übertragen, die Memoiren des Grafen Moritz
August von Benyowsky auf den Markt. Die Übersetzer
stürzten sich darauf: rasch nacheinander wurden allein
in Deutschland drei Ausgaben besorgt. Das Buch
beschäftigte die Phantasie, und die Tagesdichter wollten
daraus Nutzen ziehen: 1792 verfertigte Chr. A. Vulpius
ein »Original-Trauerspiel«, moralisierend und pathe-
tisch; der Stoff schien Kotzebue nicht genügend ausge-
weidet, er legte 1795 gleichfalls ein Stück vor und gab
ihm die Sauce der Sentimentalität. Den Historikern war
es nicht so leicht gemacht. Gegen Benyowskys Glaub-
würdigkeit wandten sich früh ernsthafte Stimmen; die
Literatur, die sich bis in unsere Tage zieht, besitzt einen
polemischen Unterton: hier Verteidigung, dort Verdammung.

Nimmt man die eigenen Angaben als einigermaßen
zutreffend, so wurde der 1741 als Sproß eines ungarischen Adelshauses geborene Knabe in Wien erzogen,
hat bei den kaiserlichen Truppen als halbes Kind gegen
Friedrich gekämpft und dann eine Erbschaft in Litauen

angetreten. So kam er in Verbindung mit dem polnischen Adel. Er erzählt, wie ihm seine Schwäger das väterliche Gut strittig machten, wie er sich dessen mit Gewalt bemächtigte, aber durch Maria Theresia als Friedensbrecher des Landes verwiesen wurde. Im Begriff nach Ostindien zu fahren, sei er durch die polnischen Konföderierten gerufen worden. Der Krieg von 1768, den die Konföderierten von Bar, die Potockische Adelspartei, gegen den gewählten König und dessen russische Helfer führen, wird eine ziemlich wüste und wirre Sache. Zahllose Gefechte, politisches Durcheinander, Verwundung, Gefangennahme, Verschleppung nach Rußland. Seine persönliche Tapferkeit hat er hier erprobt; eine schwere Verletzung führt zur Verkürzung eines Beines. Auch die übelwollenden Zeugen dieses Lebens anerkennen sein soldatisches Draufgängertum.

In der Gefangenschaft läßt sich Benyowsky in ein Komplott ein; man entdeckt es, er vermag zu entweichen, wird wieder gefaßt und nach Kamtschatka verbannt. Dort, auf der fernen Halbinsel, formt er den zweiten Teil seines Schicksals. In dem gottverlassenen Nest sitzt ein Gouverneur, dem ein Kosakenverband beigegeben ist; Kaufleute treiben Pelzhandel; die »Verwiesenen«, allerhand Russen, Adlige, Offiziere, Beamte, führen ihr ärmliches, aussichtsloses Dasein. Der neue Ankömmling, noch nicht dreißig Jahre alt, wird nicht resignieren: er plant die Flucht. Sie ist dem einzelnen nicht möglich; also muß er Genossen sammeln. Das wird breit beschrieben, wie die Verschwörung wächst, verraten wird, wie man sich mit Femejustiz hilft – hier beginnen jene phantastischen Züge, die mißtrauisch machen. Benyowsky stellt sich als ein sieghafter Menschenbehandler vor, der den Gouverneur und die »Spitzen« der Beamtenschaft bezaubert, als einen fabelhaften Schachspieler und großartigen Bärenjäger. Der Gouverneur macht ihn zum Lehrer seiner Kinder, die Tochter verliebt sich in den Verwiesenen und wird zum Mitwisser seiner Pläne – das ist der Konflikt, der den deutschen Bühnenschreibern so rührend erschien. Im Kampf findet der Gouverneur den Tod; die Verschworenen bemächtigen sich eines Schiffes und Benyowsky segelt mit ihnen in die Freiheit.

Aber wo ist die Freiheit? Das hat damals vor allem die Geographen interessiert, die ein Bild von den Fahrten und Entdeckungen gewinnen wollten. Er ist ostwärts gefahren, offenkundig an einigen der Aleüten gelandet, er will die Westküste Nordamerikas berührt haben. Schließlich führte ihn der Wind wieder nach Westen. Er hat Japan angesteuert, um seine Vorräte zu ergänzen; in Formosa hat er ein bißchen Krieg geführt, um schließlich, 1770, in dem portugiesischen Macao einzutreffen. Die Gefolgschaft war durch Entbehrungen sehr heruntergekommen, aber Rettung und Fahrt waren doch eine Sensation, die auch den Weg nach Europa fand. Auf einem französischen Schiff fährt er heim; eine Unterbrechung gibt es auf der »Isle de France«.

Hier redet man noch von den Versuchen des Barons de Maudave, auf Madagaskar festen Fuß zu fassen.

Dessen Sache war schief gegangen, vielleicht auch wegen der Unlust in Paris. Um so erstaunlicher war es, daß es einem Fremden gelang, das französische Kabinett zu überreden, *er* würde der Mann sein, auf der großen, unerschlossenen geheimnisreichen Insel den Handel in Schwung zu bringen. Man bewilligte ihm ein Freiwilligenregiment von dreihundert Mann. Die Zuständigkeiten waren unklar; von der »Isle de France« sollte er Waren für den Tauschhandel bekommen, dorthin sollte die Rechnungslegung erfolgen, aber es war dem Grafen zugleich unmittelbare Berichterstattung an den Minister zugesprochen. Damit begann ein erstaunliches Kapitel aus Frankreichs kolonialer Frühgeschichte. Denn Benyowsky dachte nicht daran, mit einer Handelsstation sich zu begnügen: er wollte erobern und pazifizieren. Die erfahrenen Kolonialbeamten ärgerten sich, daß man den Mann dahin gesetzt hatte. Sie taten nur, was sie korrekterweise tun mußten; sie waren wütend, daß keine brauchbare Rechnungslegung kam; das sei nicht seine Sache, davon verstehe er nichts, war die Antwort des Gemahnten. Zu den Administratoren, die er als Spione betrachtete, fand er nie ein klares Verhältnis. Vielleicht ist diese Konfliktlage zwischen kolonialem Pioniertum und korrektem Behördensinn, die ja immer und überall wiederkehrt, psychologisch und sachlich unvermeidlich.

Benyowsky gibt wunderbare Beschreibungen, wie er das Land aufschließt, eine Stadt gründet, Forts anlegt, Straßen baut, Minerallager entdeckt, wie er mit den Stämmen Lieferungsverträge fertigbringt, in ihre Kriege eingreift, Gefahren beseitigt, Feldzüge gewinnt, Umsiedlungen erreicht, wie er die rohen Sitten mildert und auf dem Wege ist, ein geordnetes Staatswesen herzustellen – daß er auf dem Wege stecken blieb, ist nur die Schuld der Männer, die durch seinen Aufschwung ihre eigene Leistung verdunkelt fühlen. So bleiben, klagt er, seine Bitten um Waren, um Menschenersatz ohne Folge. In das Bild zeichnet er so nicht nur die Züge des großen Kriegsmannes, des weisen Gesetzgebers, der für bündisches Einverständnis, für eine aufgeklärte Rechtsprechung besorgt ist, sondern auch das des großmütigen Märtyrers. Das ist in Teile der französischen Madagaskar-Literatur eingegangen, in jene, die das ancien régime zu tadeln suchten, und hat die englischen Autoren lebhaft beeinflußt.

Die knalligen Farben haben, das spürt man, vielerlei zuzudecken. Als der französischen Kolonialverwaltung die Benyowsky-Legende anfing, unbequem zu werden, setzte sie, reichlich spät, einen regelrechten Historiker hinter den Kram; daraus ist das Buch des Pierre Cultru von der Sorbonne entstanden: *Un empereur de Madagascar*. Es erschien 1906; die zeitgenössischen Ministerialakten treten nun neben die Memoiren. Cultru's Buch hat die Aufgabe, die Aufschneidereien darzutun und die Beamten der Außenverwaltung zu entlasten – dies letztere gelingt. Die Haltung des Eroberers war für den nur einigermaßen korrekten Dienstweg unerträglich. Aber das Rätsel der Erscheinung wird nicht gelöst. In der Pariser Zentrale stützte man die Unternehmung. Nur Turgot, kurze Zeit dafür zuständig, zeigt sich nüchtern und mißtrauisch. Sein Vorgänger muß durch die Person des Grafen charmiert gewesen sein, der Nachfolger durch die zukunftsträchtigen Berichte – immerhin ging 1776 eine Spezialkommission nach Madagaskar. Sie mußte Betrübliches feststellen: wo die herrlichen Pläne eine Stadt vermuten ließen, standen armselige Hütten, die Palisaden waren vermorscht, die Straßen, wenn überhaupt vorhanden, elende Pfade, viel Krankheit unter der Mannschaft, die Buchhaltung mehr als fragwürdig. Benyowsky ließ sich nicht einschüchtern. Aber er spürte das Ende seiner Mission und erbat einen Urlaub. Doch hatte er zuvor eine absonderliche Aktion durchgeführt. Sie hat den Zug der Groteske: eine alte Dienerin wollte in ihm die Züge der nach Frankreich verschleppten Tochter des letzten Herrschers von Madagaskar entdeckt haben; er pflegte diese Märe, an deren Ende er sich von den Stammeskönigen zum »Ampansacabé«, zum obersten Souverän der gesamten madagassischen Nation, erwählen ließ. Das wurde ein großes Fest, mit Bluteid und Opfer; der als Raminis-Abkomme entdeckte und anerkannte Ungar legte indianische Tracht an, und die Sache wurde verbrieft und besiegelt. Benyowsky war wohl klug genug, dieses Papier nicht zu überschätzen, aber es hätte ihm Spaß gemacht, daß noch nach einem halben Jahrhundert ein englischer Historiker seinen Rechtsanspruch als auf der Volkssouveränität ruhend nachdrücklich vertrat. Zunächst verließ der neue Herrscher seine Nation, indem er ihren Häuptern klar machte, er müsse Verbündete suchen und den Handel organisieren. Er werde wiederkommen.

Frankreich räumte die kostspielige Position und begann erst nach ein paar Jahren wieder mit einem bescheidenen Warenhandel. Benyowsky ging 1777 nach Paris, nicht um sich zu verteidigen, sondern um anzuklagen und zu fordern. Er muß eine beredte Art besessen haben. Denn während ihm der Untersuchungsbericht Verschleuderung öffentlicher Gelder vorwarf, erwirkte er eine große Entschädigung für seine Auslagen, das Ludwigskreuz und die Pension eines Brigadiers. Aber indes die französische Regierung sich wohl aus einem unsicheren Gewissen finanziell sehr großzügig erwies, hatte das Land doch keine rechte Verwendung mehr für ihn und die unverdrossenen neuen Pläne. Was tun? Die Familie erwirkte bei Maria Theresia die Aufhebung der Verweisung; er taucht wieder in Ungarn auf, der bayerische Erbfolgekrieg sieht ihn als Reiteroberst im Felde, aber in dem »Kartoffelkrieg« ist geringer Ruhm zu ernten und Benyowsky nimmt seinen Abschied. Ein Schiffahrts- und Handelsunternehmen in

Fiume mißrät und verschlingt viel Geld. Vielleicht ist in Amerika etwas zu machen? In Paris war er mit Benjamin Franklin, dem Sachwalter des werdenden Staates, in Beziehung getreten; dem hatte er wohl von seinen Zivilisationsverdiensten bei den Schwarzen erzählt (doch nicht von seinem Sklavenhandel) – der gute Mann gab ihm Empfehlungen mit übers Meer. Benyowsky kam für die gesuchte Leistung zu spät: der Unabhängigkeitskrieg lag in den letzten Zügen.

Nun mußte er sich als geschichtlicher Unternehmer doch wieder selbständig machen. Fast hätte er den Minister Vergennes in Paris nochmals auf die Beine gebracht; der war mißtrauisch, ob sich nicht eine andere Macht der Tatenlust des Mannes bedienen würde, und er dachte dabei an die Engländer. An diese dachte, in Paris schließlich abgewiesen, auch Benyowsky; aber die britische Tradition war gewohnt, solche Geschichten nicht mit Ausländern zu machen, sie besaß dafür eigene Kräfte. In Wien erwirkte Benyowsky ein Codizill, das ihn ermächtigte, auf Madagaskar Kolonien anzulegen. Da weder Geld noch Seemacht dahinter stand, konnte es dem Grafen praktisch so wenig nützen, wie in Paris jemanden einschüchtern. Immerhin: Madagaskar wurde wieder das Ziel; es glückte, in London einen Mann zu finden, der helfen wollte. Eine Privatgesellschaft zur Entwicklung des Handels in Madagaskar wurde gegründet, deren Basis nach Amerika verbreitert werden konnte: Baltimore war ihr Sitz, deutsche, schweizerische, tschechische Namen treten auf der Liste der Teilhaberschaft neben englischen und französischen auf. Der Vertrag sah eine gute Verzinsung vor; unter den Geschäftszielen ist auch die »exportation des noirs pour l'étranger« vermerkt.

Im Oktober 1784 segelte die »Intrépide«, ein Sechshunderttonnenschiff ab, mit Waren und Waffen; nach vielerlei Fährnissen landete Benyowsky im Juni 1785 an der Südwestküste von Madagaskar. Es war gegenüber seinen Genossen ein gewagtes Spiel; zum Glück fand sich einer der Stammeskönige bereit, die Eide zu erneuern. Mit einem andern, den er vor Jahren bekriegt hatte, kam es gleich zum Konflikt. Aber Benyowsky konnte sich halten und schließlich im Herbst des Jahres an der Nordostküste, wo er vor zehn Jahren residiert hatte, eine Art von Herrschaft etablieren. Er begann sie damit, daß er das französische Warenlager aufhob.

Das amtliche Frankreich war unsicher, was denn eigentlich los sei. Benyowsky galt für tot, man atmete auf. Dann kamen die Gerüchte, er sei im Norden aufgetaucht. Steckten vielleicht doch die Engländer dahinter? Der neue Gouverneur der »Isle de France« mußte vorsichtig operieren. Benyowsky schrieb ihm: *Mauritius Augustus Dei gratia Ampansacabé de Madagascar* — und die Franzosen könnten wohl zum Handel kommen, aber nur mit ihm, nicht mit den Eingeborenen. Er wollte durch eine Art von Außenhandelsmonopol seine Stellung festigen. Zugleich holte er das Papier mit der

Unterschrift des Kaisers Joseph II. heraus. Das machte geringen Eindruck. Der Gouverneur sandte ein Schiff mit sechzig Soldaten nach Madagaskar: Ende Mai 1786 kam es zu einem Zusammenstoß. Benyowsky, der eben eine seiner Kanonen bediente, fiel durch einen Brust-schuß. An seiner Seite war, von Amerika mitgekommen, ein Deutscher, Freiherr von Adelsheim; das gehört als Schnörkel zu dem Zeit- und Menschenbild.

Im November 1783 hatte der Marschall Dumas an den Minister de Vergennes geschrieben: »Il a copié son thème sur l'histoire de Théodore ... son projet théo-dorique perçait dans tous ses discours, il transpirait par ses yeux et par ses pores.« Das war ein einsichtiger Mann, der spürte, Benyowsky wandelt in den Spuren des Theodor von Neuhof, der die Korsen sowohl be-freien als beherrschen wollte. Gerade damit traf er auf eine Willigkeit seiner Zeitgenossen. In Georg Forsters Einleitung zu der Ausgabe der Memoiren wird das sehr sinnenfällig. Forster hatte selber große Reisen hinter sich und stand vor dem Absprung, von Mainz aus ein verwegener Teilhaber der Französischen Revolution zu werden: ihm ist die Welt zu eng, zu arm an »Spontan-eität« geworden: »Wir sind nur allzusehr geneigt, die Regel, die *uns* zur Richtschnur dient, auch jenen, von einem unbändigen Geiste getriebenen Menschen vorzu-schreiben, und sie danach zu richten, wenn wir nicht gar so unbillig sind, nach positiven Gesetzen, die wir selbst nicht befolgen, ihre Handlungen abzuwägen.« Das

»Jahrhundert des Rationalismus« ruft in solchen Worten nach dem Irrationalen, und der aus Ungarns Ebenen in die Geschichte gelaufene Soldat und Plänemacher figuriert dann unter den Erfüllungen.

Der Marschall aus der Oberpfalz

Der Gastwirt Luckner in dem oberpfälzischen Städtchen Cham braute das Bier selber, das er seinen Gästen vorsetzte. Er betrieb auch den Hopfenhandel und kam zu einem ordentlichen Wohlstand. Die Gemeinde wählte ihn zum Bürgermeister. Für seinen Sohn Nikolaus hatte er größere Pläne: der sollte ein studierter Mann werden, an Ehrgeiz und ausgreifender Phantasie schien es bei dem kleinen, festen Kerl nicht zu fehlen. Als der Vater früh starb, sandte die Mutter 1737 den Sohn – er war 1722 geboren – auf das Jesuitengymnasium nach Passau. Aber er war dort fehl am Platze; die Patres wußten ihn nicht zu zügeln. »Seine Ausgelassenheit bewirkte«, sagt in einer moralisierenden Betrachtung der Wiener Literat J. G. Meißner wenige Jahre nach Luckners Tod, »daß ihm sowohl von seinen Lehrern wie von seinen Mitschülern der Name Libertinus, das ist, ›Wüstling‹, beygelegt wurde.«

Die Weltgeschichte kam seiner Berufswahl zu Hilfe: seit dem Ersten Schlesischen Krieg brauchte sie wieder Soldaten. Aber der Jesuitenzögling, der 1739 Fähnrich geworden war, mußte nicht nach Norden Ausschau halten. Der bayrische Kurfürst Karl Albert, der als Karl VII. unter den deutschen Kaisern figuriert, machte gegen Maria Theresia Ansprüche seiner habsburgischen Gattin geltend, und es kam, Nebenschauplatz zwischen den geschichtsbestimmenden beiden ersten schlesischen Kriegen, zu dem etwas verwirrten bayrisch-österreichischen Erbfolgekrieg. Luckner fand bald die Gelegenheit, sich durch persönliche Tapferkeit auszuzeichnen, als im April 1742 die kleine Besatzung Straubings mit der tapferen Bürgerschaft die Österreicher zur Aufgabe der Belagerung zwang. Dabei hatte sich auch ein Gerichtsdiener Gschray hervorgetan, dem noch eine bunte Karriere bevorstand: er focht als Freikorpsführer für Bayern, für Frankreich, schließlich auch für Friedrich. Der junge Luckner, der aus seinem vornehmen Regiment der Grenadiere à cheval zu Gschray hinüberwechselte, hat hier die offenbar seiner eigenen Natur gemäße Heimat und Schule gefunden. Er hat seinen Lehrmeister an kriegerischem Ruhm überrundet, aber in der Unbefangenheit der Standortswahl zwischen Rhein und Inn wie in der Technik des »kleinen Krieges« blieb er ein getreuer Nachfolger. Karl Albert starb schon 1745, und die Abenteuer des dreiundzwanzigjährigen Rittmeisters schienen zu Ende; denn dieser Tod hatte dem Erbfolgekrieg, auch wenn er als französisch-österreichisch-englisches Unternehmen noch ein paar Jahre weiterging, den Sinn genommen.

Mit einem deutschen Subsidienregiment ging Luckner in holländische Dienste; dort hatte man sich der Franzosen zu erwehren. Der Frontwechsel konnte ihn nicht stören. In dem Land herrschte viel innere Unruhe, aus der 1747 eine auch militärisch zu unterbauende Kräftigung des Hauses Oranien gegenüber der oligarchischen »Regenten«-Herrschaft hervortrat. Doch für ein Temperament von der Art Luckners war in dem Lande schließlich nicht viel zu suchen. Er hat aber, wie es scheint, dort die Gattin gefunden, die ihm einen finanziellen Rückhalt gab. Die Nachrichten über sein Treiben in diesem Jahrzehnt fehlen.

Sie melden sich wieder mit dem Beginn des Siebenjährigen Krieges. Der Rittmeister Luckner bot Hannover seine Dienste an, die Erbstatthalterin war die Schwester des Herzogs von Cumberland. In Sicharts minutiöser Geschichte der hannoverschen Armee kann man diesen Sonderfall fast budgetmäßig durch die Jahre verfolgen und damit ein zeittypisches Bild einer Militärorganisation am Rande gewinnen: Das »Husarencorps« besteht 1757 aus nur einer Kompanie, die anfangs vierundfünfzig, dann neunzig Mann umfaßt; drei Ungarn werden als Offiziere eingestellt. 1758 sind es zwei Kompanien, 1759 zwei Schwadronen mit vierhundertundelf Mann. 1760 wird ein Regiment gebildet, das einschließlich der Offiziere sechshunderteinundsiebzig Mann zählt. Die militärische Laufbahn des Befehlshabers ist imposanter als diese Zahl: 1758 Oberstleutnant, 1759 Oberst, 1760 Generalmajor, 1761

Generalleutnant. »Vorzügliche Meriten erfordern auch vorzügliche Distinctiones« heißt es in dem Reskript des Oberbefehlshabers. Seit 1760 wurden seinem Kommando auch Teile anderer leichter Verbände unterstellt. Das schnelle Avancement charakterisiert die selbständige und zugleich wichtige Rolle, die der noch junge Offizier mit Erfolg gespielt hat. Es ist gewiß keine tragende Rolle gewesen in dem Kriegsdrama der sieben Jahre, aber doch eine sehr markante in dem überraschenden Hin und Her, in dem Auf und Ab, das den hurtigen Mann auf der Bühne der Taten erscheinen und wieder verschwinden ließ. Man hat nicht gleich gewußt, wie man mit ihm dran sei: Des Herzogs Ferdinand Geheimsekretär Westphalen spricht von dem »maintien comique«, von dem »unverständlichen Jargon seiner Berichte«; es schien, als ob es ihm an »gesundem Menschenverstand« fehle. Doch habe er von der Natur »einen besonderen Sinn für den kleinen Krieg« empfangen; keiner habe aus einer plötzlichen Lage so gut den Vorteil zu ziehen gewußt.

Der Armee des Herzogs von Braunschweig angegliedert, trieb sich Luckner in dem weiten Raum umher, der etwa durch die Namen Hannover, Fulda, Frankfurt, Rhein bezeichnet wird; er war der Überall und Nirgendwo, der Unruhe schaffen sollte und schuf, Truppenbewegungen verschleiern oder ermöglichen mußte. Die Täuschung des Feindes wurde ebenso zur Aufgabe wie die unmittelbare Schädigung. Man schlug mit einer

Handvoll Reiterei keine Schlachten, aber man lieferte unzählige Gefechte, an der unerwarteten Stelle, womöglich im Rücken des Feindes, und es wurde zur Spezialität des Mannes, daß er ganze Nachschubkolonnen mit Fourage und Munition aushob. Sein glücklichster Gewinn war, als er im August 1759 das Portefeuille des Marschalls de Contades erbeutete, mit den Anweisungen des französischen Kriegsministers über die Inanspruchnahme der Zivilbevölkerung – das gab seinen Aktionen auch ein politisches Relief; denn man hatte damit eine gute propagandistische Handhabe bekommen. Der König Georg ließ die erbeuteten Dokumente drucken und verbreiten. Diese Art von Kriegführung mit angemieteten Soldaten besaß einen derben Erwerbscharakter; es gab so etwas wie Akkordlohn für zusätzliche Leistung. Sichart teilt einen ganzen Tarif mit, was dem Regiment für eine erbeutete Kanone und andere Stücke bezahlt wurde, und notiert die Geschenke, die nach erfolgreichen Unternehmungen gewährt wurden. Luckner wurde auch reichlich mit »doueeurs« bedacht, so nach der Schlacht von Minden mit tausend Talern; er bezog eine Monatsgage von hundert Talern. Offenbar hat er darauf gesehen, im ganzen nicht zu kurz zu kommen. 1761 kaufte er sich im Holsteinischen sein erstes großes Gut. Dabei ging er in den Finanzdingen großzügig vor. Als ihm einmal das Pech widerfuhr, seine Dienstkasse mit siebentausend Talern zu verlieren, schrieb er einfach auf das Gebiet, wo er eben stand,

Kontributionen aus. Das war dem Herzog zu viel, und er gab Luckner deshalb einen ernsthaften Verweis, ließ ihm aber die Summe ersetzen. Denn der Mann mußte bei guter Laune gehalten werden.

Der General Wangenheim schrieb von ihm: »Luckner tut Wunder: wo ungeachtet immer zehn gegen eins sind, greift er sie an und wirft sie immer zurück.« Die Lucknerschen Husaren hatten, zumal im Hessischen und im Weserlande, einen legendären Ruf gewonnen, nicht zuletzt bei den Franzosen, denen er sich im »kleinen Krieg« als so überlegen zeigte – immerhin hatte er sie, nachdem sie Wolfenbüttel eingenommen hatten, 1761 auch strategisch von Braunschweig wegmanövriert, da sie sich, zur Belagerung schreitend, keines Überfalls versahen. Das ist wohl die wichtigste seiner Taten, die Archenholtz notiert; aber auch die letzte. Der Krieg ging zwar im westlichen Deutschland weiter, doch von den Franzosen und gar den Reichskontingenten lustlos betrieben; die Entscheidungen reiften im Osten, wo Friedrich selber führte. Das Ende des Krieges brachte auch das Ende des Lucknerschen Regiments. Das war für dessen Führer eine schwere Enttäuschung. Aber es mag sein, daß der Fremde, wohl für den Krieg willkommen gewesen, für den Friedensdienst den heimischen Anwärtern im Wege stand. Die Lesarten über seine Entlassung widersprechen sich: Die eine will wissen, daß Franzosen und Russen sich um ihn bemüht hätten, die andere, daß er den Franzosen seine Dienste angeboten habe.

Mit dem anständigen Gehalt von dreißigtausend Livres wird er, vierzigjährig, französischer General. Bisher hatte er den Franzosen geschadet, jetzt konnte er ihnen vielleicht nützlich werden. Die Rückschau sieht das Paradoxe der Haltung, ja sie empfindet solchen Schritt als ethisch peinlich – jene Epoche, für die es ein verpflichtendes Nationalgefühl noch nicht gab, war weniger subtil. Es gehört auch zu dem seltsam Lockeren der Zeit (der französische General hat in Holstein seinen Besitz vergrößert und zwei Majorate gestiftet), daß nicht der französische Monarch, dem er dient, sondern der dänische König ihn nobilitierte: 1778 wurde der Bierbrauersohn aus der bayrischen Oberpfalz Freiherr, 1784 gar Graf. Frankreichs Armee hatte unter dem fünfzehnten Ludwig wenig Ruhm aus dem Felde heimgebracht – die Heerführer Broglie, Soubise tragen keinen Glanz an ihrem Namen. Luckner besaß für seine neue Aufgabe wenigstens diesen oder doch einen Legendenschimmer, der ein Stück seines Lichtes dem großen Namen Friedrichs entborgt. Dieser war ja auch den Besiegten schlechthin zum Gott der Schlachten geworden. Vermutlich hat Luckner den Franzosen nicht viel mehr mitgebracht als die Erinnerung seiner Vergangenheit; da sein Soldatentum auf der draufgängerischen Improvisation ruhte und jener Systematik entbehrte, die noch im 18. Jahrhundert die Kriegstheorie bestimmte, wird er seiner neuen Umgebung nicht gerade viel von Gewicht haben schenken können. Er blieb der Fremde, dem es offenbar auch nicht gelang, der Landessprache Herr zu werden. Mehr als ein Vierteljahrhundert verging, aus dem man nichts Wesentliches erfährt.

Da rief ihn die französische Umwälzung noch einmal auf die Bühne des großen Handelns. Aber es wurden von ihm diesmal nicht die kecken Stücke des »kleinen Krieges« erwartet, sondern die große Armeen-Operation. Die Pariser Regierung, die den Krieg mit Österreich und Preußen aufnahm, war unsicher, wem sie die Führung der Heere geben konnte; sie griff nach den Männern, die in Amerika neben Washington gekämpft hatten, sie glaubte auch von Luckner Siege erwarten zu dürfen. Der farbige Ruhm des Mannes war kräftig genug, um diese Entscheidung volkstümlich zu machen; sie erfuhr damit ihren Nachdruck, daß man Luckner als Vorauszahlung seiner späteren Taten am 28. Dezember 1791 feierlich zum Maréchal de France ernannte. Als er zwei Monate später vor der Nationalversammlung über den Stand der Rheinarmee Bericht erstatten mußte, führte ihn der Kriegsminister Narbonne mit den entschuldigenden Worten ein: »Sein Herz ist besser als seine Sprache.«

Wie es mit dem »Herzen« wirklich aussah, ist nicht ganz deutlich zu sagen. Bourbonischer Legitimist war er nicht; aber hatte er überhaupt eine politische Meinung? Es schmeichelte ihm, daß die Männer der Gironde Vertrauen zu ihm besaßen, und die Girondisten benutzten ihn selber etwas als Aushängeschild. So ließ er sich von dem Volke feiern; auch mit den Generalen scheint er sich zunächst verstanden zu haben. Doch mit den richtigen Kriegstaten war es dann nicht weit her. Die Rheinarmee blieb untätig. Luckner erbot sich, als Rochambeaus Nachfolger die gegen Flandern angesetzten Verbände zu übernehmen; er rückte vor, drängte die Österreicher über Courtrai und Menin zurück, wußte aber damit nichts anzufangen und ließ den Vorteil wieder fallen. War die Armee zu unbrauchbar? Oder die Schulung im »kleinen Krieg« von ehedem jetzt nutzlos? Lafayette löste ihn ab; aber das war auch nur ein kurzes Intermezzo, da der neue Befehlshaber, in die politischen Wirren verstrickt, sich in die Hände des Feindes begab.

Luckner erhielt wieder das Kommando der Mitte, in Metz. Dumouriez operierte im Norden, und es bot sich für eine gemeinsame Aktion die Gelegenheit, als Ferdinand von Braunschweig in der Linie Longwy-Verdun vorstieß. Doch sagt man besser: vorfühlte, vorging. Die personelle Lage war eigentümlich: Als braunschweigischer Erbprinz hatte Ferdinand vor ein paar Jahrzehnten auch unter dem Oberbefehl seines Oheims gekämpft, manchmal im gleichen Verband wie Luckner. Nun standen sich die beiden als Heerführer gegenüber. Aber ihr wagendes Temperament war gebrochen – die Täter von ehedem waren Zauderer geworden. Und Paris zeigte sich unruhig und unbefriedigt. Der Marschall wurde abberufen, doch wollte man ihn, der noch vor einem Jahr von der Volksgunst umschwärmt war, nicht einfach absetzen. Man beorderte ihn nach Chalons: »Dort befand sich Luckner«, schreibt Goethe in seiner »Campagne«, »der die von Paris anströmenden Freiwilligen zu Kriegshaufen bilden sollte; aber diese, in den gräßlichen ersten Septembertagen durch die reißend fließenden Blutströme aus der Hauptstadt ausgewandert, brachten Lust zum Rauben und Morden mehr als zu einem rechtschaffenen Krieg mit.« In der Tat wurde Luckner mit der Aufgabe nicht fertig. Ja es scheint, daß das schlechte Französisch, das er sprach, den Marschall zum Gegenstand des Spottes gemacht hat. Und als ihm die Regierung einen Obersten zur Seite stellte, der seine dienstliche Korrespondenz, damit sie gültig sei, gegenzeichnen mußte, erbat er gekränkt den Abschied. Man hat ihn offenbar nicht ungern, dabei aber mit allen Ehren und vollen Bezügen bewilligt.

Der alte Soldat, der die siebzig hinter sich hatte, begriff offenbar nicht, was in der Zeit und was in dem Staate, dem er diente, los war. Denn statt sich auf seine holsteinischen Güter zurückzuziehen, blieb er im Lande; es heißt, daß ihn die zugesicherte Pension festgehalten habe. Gerade damit haperte es: der Staatsrendant verweigerte ihre Auszahlung. So etwas kann in Revolutionen vorkommen. Aber der Graf Luckner hatte die Revolution nicht auf sich bezogen. Er hatte nicht recht bemerkt, daß die soldatischen Führer, ob sie wollten oder nicht, inzwischen politische Figuren geworden waren; im letzten war ja der Fremde innerlich an den Kämpfen der Volksseele unbeteiligt. So fuhr er nach Paris, sich zu beschweren, daß man ihm sein Recht und sein Geld vorenthalte. Das hätte er nicht tun sollen. Denn Paris hatte sich inzwischen verwandelt.

Vielleicht hätten sich die Franzosen nicht weiter um den alten Mann gekümmert und ihn wieder weggeschickt. Doch in Paris weilte damals der Prinz Carl von Hessen, der sich den Jakobinern angeschlossen hatte, sich jetzt »Charles Hesse« nannte und bereits in dem Prozeß gegen den trefflichen Straßburger Bürgermeister Dietrich eine üble Rolle gespielt hatte. Dieser Kavalier, der selber die Stürme der Zeit überleben sollte, reichte bei dem Tribunal eine Denunziationsschrift gegen seinen Landsmann ein, die zur Verhaftung Luckners führte. Wallon widmet in seiner Geschichte des Revolutions-Tribunals dem Verfahren gegen den »hervorragendsten Repräsentanten der alten Armee« eine besondere Studie. Die Hauptpunkte der Anklage beschuldigten Luckner des ursprünglichen Einverständnisses mit Lafayettes Plan, gegen Paris zu marschieren; er habe das später abgeleugnet, aber doch immer die Verbindung mit dem infamen Hof und dessen Agenten aufrechterhalten; man warf ihm seinen Rückzug aus Belgien, seine schuldhafte Untätigkeit in der Champagne vor; belastend war ein Verbot der Requisition, das er in Chalons erlassen hatte. Die Vernehmung selber war sehr summarisch. Natürlich hatte Luckner mit

Lafayette, der ihn ablöste, in dienstlicher Verbindung gestanden. In der Zeit, da er die Rheinarmee befehligte, habe er achtzehntausend gegen sechsundfünfzigtausend Mann der Gegner zur Verfügung gehabt und der Befehl habe auf defensives Verhalten gelautet. Für die Richter war er ein »hartnäckiger, aber vorsichtiger Royalist ... ein alter Mann, seit langem durch knechtische Empfindungen vergiftet«; sei er zuerst auch geschickt und kühn vorangegangen und habe er durch seine Erfolge den revolutionären Eifer der Belgier entflammt, so sei er bald zum Verräter geworden. Die Beteuerung seiner politischen Schuldlosigkeit nutzte ihm nichts. Am 15. November 1793 wurde er verurteilt, am 4. Januar 1794 zur Guillotine geführt. »Er ging zur Richtstätte mit all der Festigkeit, die das Alter seinen Bewegungen, der Haltung des Körpers, dem Ausdruck des Gesichtes gestattete. Er hat den Rufen ›Vive la republique‹ beharrlich in einem sehr nachdrücklichen Ton geantwortet, der mit viel Kraft seine heftige Ablehnung dieser Herrschaft zeigte.«

Der künstliche Mensch

Das Leben des Wolfgang von Kempelen

Im Jahre 1769 begann der Sekretär bei der ungarischen Hofkammer in Wien, Wolfgang von Kempelen, ein geheimnisvolles Treiben. Italienische Zauberkünstler hatten kürzlich die Gesellschaft der Stadt, bis in die Hofkreise, belustigt und verwirrt, und der junge Beamte machte sich anheischig, ihnen den Rang abzulaufen. In einem halben Jahre würde es so weit sein.

Es ist nicht ganz leicht, von dem inneren Wesen dieses Mannes eine Vorstellung zu gewinnen. Er war damals fünfunddreißig Jahre alt, hatte, in Preßburg geboren, Philosophie und Jurisprudenz studiert und stand am Beginn einer normalen und erfolgreichen Laufbahn; in das Gesichtsfeld der Maria Theresia war er dadurch getreten, daß er die ungarischen Gesetze ins Deutsche übersetzte, und sein amtliches Wirken verlief im Rahmen der vereinigten siebenbürgischungarischen Hofkanzlei. Er hatte dabei einige wichtige Sonderaufgaben. Die Aufsicht beim Neubau des Schlosses in Ofen war ihm anvertraut, er leitete das gesamte ungarische Salzwesen und scheint auch auf das Kanal- und Straßenwesen förderlich eingewirkt zu haben. 1798 trat er,

zwölf Jahre vorher zum Hofrat ernannt, in den Ruhe-
stand; 1804 ist er gestorben. Die amtlichen Daten weisen auf eine gute, doch nicht außerordentliche Leistung,
und wenn man notiert findet, daß er ein Drama,
»Perseus und Andromeda«, sonst noch ein Schauspiel
gedichtet, daß er mit Geschick und Eifer Landschafts-
bilder radiert habe, so ist das eben nur eine liebenswür-
dige Ergänzung ins Schöngeistige, die er mit manchen
späteren k.u.k. Hofräten geteilt hat.

Doch Kempelen genoß einmal Weltruhm, und gewiß
nicht wegen seiner namenlosen Amtsverdienste. Heute
ist er verschollen oder hat sich mit einigem Glück auf
ein paar Zeilen in einem Speziallexikon zurückgezogen.
Aber als er 1770 mit der Geheimniskrämerei der sechs
versteckten Monate Schluß machte, gelang es ihm, halb
Europa und später auch die Neue Welt in eine neu-
gierige Unruhe zu versetzen, indem er ihr ein tolles
Rätsel anbot: Da verließ, an einen Kastentisch montiert,
der auf Rädern lief, ein feierlich gekleideter Türke die
Werkstatt, ein komplizierter Mechanismus, an dem
kunstvoll geschreinert war, der ein sublimes System von
metallenen Rädern, Rollen, Walzen, Zügen und Zapfen
verbarg. Auf dem Tisch war ein Schachbrett eingelegt,
und die Besucher wurden freundlich eingeladen, eine
Partie anzunehmen. Der Türke, der auf genaue Regeln
hielt und regelwidrige Züge durch Kopfschütteln ab-
lehnte, mit der gewissenhaften Präzision eines Auto-
maten die Figuren in eckigen Bewegungen auf das rich-

tige Feld brachte, pflegte ziemlich regelmäßig zu siegen. Die Sensation in Wien war außerordentlich, doch die Bemerkung, daß es Kempelen gelungen sei, die Welt zu erregen, ist nicht ganz genau. Denn sein Ziel war das nicht, und der Triumph machte ihn, da er ihm Zeit raubte, ängstlich; er ließ verbreiten, der Apparat sei kaputt gegangen und nicht wieder herzustellen. So gewann er Ruhe.

Sie sollte nicht viele Jahre dauern. Als der Großfürst Paul von Rußland Wien besuchte, gab der Kaiser seinem Beamten einfach den Auftrag, die Sache wieder in Ordnung zu bringen. Er wollte dem Gast etwas bieten, das dieser in Petersburg nicht finden könne. Joseph II. war selber ein paar Jahre vorher in Stuttgart gewesen, und dort hatte der Herzog Karl Eugen ihm *seinen* Mechanikus vorgeführt, den Kornwestheimer Pfarrer Ph. M. Hahn, der Rechenmaschinen und astronomische Uhren konstruierte. Die beiden Erfinder, der fromme Pietist und der aufgeklärte Hofrat, passen nicht ganz zusammen. Aber die Zeit war sehr aufgeschlossen für mechanische Kunststücke. Und der schachspielende Türke – war er nicht eine, wenn auch unvollkommene Illustration zu der Lehre, die Lamettrie vor kurzem etwas anreißerisch verkündet hatte: l'homme machine?

Der Großfürst spielte und wurde besiegt. Joseph meinte, Kempelen solle sein Licht nicht unter den Scheffel stellen, und gab ihm ein paar Jahre Urlaub. Der Türke reiste mit seinem Herrn durch die Welt, an die deutschen Höfe, nach Paris und London, auch nach Berlin. Er war jetzt eine literarische Angelegenheit geworden: es gibt aus der Zeit eine ganze Anzahl von Schriften, die sich mit der Schachmaschine beschäftigen, Beschreibungen der Figur, der Apparatur, des Verhaltens von Kempelens und seines Assistenten; Illustrationen in sorgfältigen Kupfern sind beigegeben. Man kann sich ein ganz gutes Bild des Verfahrens machen. Das Innere des Kastens konnte zunächst eingesehen werden mit der Unmasse von Rädern und Walzen, von vorne und hinten geöffnet; die ganze Anlage war verschiebbar, so daß der Verdacht einer präparierten Außeneinwirkung wegfiel; es wurde mit einer Schraube von Zeit zu Zeit das Getriebe aufgezogen, so daß ein leicht rasselndes Geräusch die Bewegungen begleitete. Kempelen pflegte einige Schritte von der Vorführung entfernt zu stehen und mit einer gewissen Spannung auf ein vor ihm aufgestelltes Kästchen zu blicken. Was macht er dort? Die Aufmerksamkeit gehörte natürlich auch ihm. Welche Kräfte sind in dem Kästchen und wie werden sie dirigiert? Die Hypothesen über Fernwirkungen häuften sich. Kempelen selber, wie einer der Literaten berichtet, hat »seinen Freunden mit edler Aufrichtigkeit gestanden, bey seiner Maschine komme Täuschung vor, sie werde nicht durch bloßen Mechanismus in Bewegung gesetzet; er halte sich aber nicht für verbunden, solches dem ganzen Publicum zu eröffnen«.

Einiges fiel den aufmerksamen Beobachtern auf: der

Türke war Linkshänder. Das sei ein Versehen bei der Konstruktion gewesen. Die Schachfiguren waren ziemlich schwer, und der Partner mußte sie immer mitten aufs Feld setzen – das war ja schließlich auch eine Höflichkeit gegen den in der Bewegung doch etwas gehemmten Türken. Züge durften nicht zurückgenommen werden. Wie mochte das den Mechanismus stören, der doch so beweglich war, daß er mit dem Rösselsprung das ganze Feld besetzen konnte?

Den Schachgrößen im Café de Régence zu Paris war der Türke einige Male unterlegen. Aber sein Ruhm hielt das aus, und er festigte sich, als Potsdam besucht und der alte König besiegt wurde. Friedrich brannte darauf, den Apparat und sein Geheimnis zu besitzen – Kempelen gab sie ihm, er scheint nicht unfroh gewesen zu sein über die Trennung von dem Sklaven, der sein Herr geworden war. Ihre Geschichte verläuft nun getrennt. Kempelen kehrte zur Arbeit in die Hofkammer zurück, doch schon mit neuen, etwas absonderlichen Plänen erfüllt. Der Türke aber bekam Urlaub von der Berühmtheit. Friedrich lachte, als der Apparat auseinandergenommen war, er lachte mit etwas kaustischer Selbstironie, als er die Eingeweide seines Gegenspielers kennengelernt hatte. Doch er schickte den Siegreichen in die Pension der Vergessenheit – ein entlarvtes Geheimnis hinterläßt peinliche Empfindung. Genug, man wußte Bescheid, und eine Kammer im Schloß mochte zur Betreuung ausreichen. Kempelens Assistent war mit übernommen worden. Bis dann nach Austerlitz und Jena Napoleon heranbrauste; durch seine Jugendjahre war der Ruhm des Türken gegangen. Der wurde entstaubt, geölt, zum Schlachtfeld geführt und blieb Sieger.

Kempelen selber lebte damals nicht mehr. Sein Geschöpf, zu neuem Wirken gerufen, nahm jetzt, da es von den Hohenzollern nicht weiter gewertet wurde und Napoleon sich für diesen Sieger nicht interessierte, den Weg ins Kommerzielle: der Wiener Mechanikus Mälzl erstand ihn und machte eine bessere Jahrmarktssache aus ihm. Zwischendurch sollte ihm noch eine Chance von höfischem Halbglanz blühen: Eugen Beauharnais, der ein leidenschaftlicher Schachspieler war, lud ihn zu sich nach München; im Palais Leuchtenberg gab es erneute Triumphe, und Napoleons Stiefsohn gab dreißigtausend Gulden für den Spieler und das Geheimnis, – aber als er beide besaß, lachte er nicht wie der große Friedrich, sondern suchte mit Erfolg den Kauf wieder rückgängig zu machen.

Bereits 1789 hatte ein Freiherr von Racknitz eine Dalberg gewidmete Schrift bei Breitkopf erscheinen lassen, in der er *seine* Nachbildung des Kempelenschen Spielers mit allen Finessen beschrieb; aus Kombination und Beobachtung hatte er einen Apparat entwickelt, der nun auch spielen konnte – in der unteren Schublade des Kastens, der vorne auch die Walzen und das Räderwerk zeigte, war *ein Mensch untergebracht,* der sich beim Spiel aufrichten konnte; die Züge, die auf dem Schachbrett gemacht wurden, konnte er kontrollieren, weil das Brett ganz dünn war; die Figuren, mit magnetischen Eisenbolzen gefüllt, verursachten durch das Holz hindurch eine Reaktion bei, den einzelnen Feldern entsprechenden, leichten Stahlkörpern. Racknitz hatte durch Nachdenken das Verfahren im Prinzipiellen herausgebracht. Das Geheimnis war in dieser Konstruktion des zweiten Schachapparates entschleiert. Aber das nett geschriebene Buch brachte dann doch nicht den Schlußstrich; die Broschüren und Zeitschriftenaufsätze gingen weiter – auch Lichtenbergs geistreiche Skepsis war in der Frühzeit daran beteiligt gewesen –, und als 1819 in London dann die »wissenschaftliche« Enthüllung veröffentlicht wurde, wanderte der Türke mit seinem Herrn nach Amerika aus, wo man damals wenig Londoner Reviews las. Er verschwindet in den Rauchwolken einer Legende, die ihn 1854 in Philadelphia brennend untergehen läßt.

Das ist das banale Ende eines geistreichen Täuschungsversuches, der zu Beginn der kavaliermäßige Ehrgeiz eines höfischen Vergnügens gewesen war und immerhin als versteckte Mitwirker Schachspieler von großem Rang forderte; inzwischen hatte Kempelen die breite Phantasie so stark beschäftigt, daß der Schauspieler Heinrich Beck am Nationaltheater in Mannheim die »Schachmaschine« zum Titel und entscheidenden Requisit eines (ziemlich albernen) Intrigenlustspiels nehmen konnte. Der Erfinder saß längst hinter anderem. Dieser Verwaltungsjurist und Betreuer des ungarischen Salzwesens verfügte offenbar über eine immense praktisch-technische Phantasie: eine der großen Wasserkünste in Schönbrunn, da, wo die vom Berge kommenden Kaskaden wieder gehoben werden, stammt von ihm; es wird eine Schreibmaschine erwähnt, die er für eine erblindete Bekannte konstruiert hat – und 1790 trat er mit einer neuen Erfindung hervor, die offenbar seinem Herzen näher lag als der etwas fatale Ruhm, den ihm der türkische Schachkünstler eingetragen hatte. Konnte der eigentlich auch sprechen? Einer der Berichte sagt ja; wenn er das Schach geboten habe, sei ein Zischlaut »Schet« seinem Munde entflohen. Andere registrieren nur, daß er zwei- oder dreimal, bei der Gefährdung von Königin und König, genickt habe. Jetzt hatte Kempelen eine Maschine gebaut, die *sprechen* konnte. Seit 1778 beschäftigte er sich mit den Theorien der Akustik, mit dem Wesen und der Entwicklung der Stimme: er suchte und bastelte, die menschlichen Sprechorgane nachzubilden: daraus ist die Sprechmaschine entstanden; ein Buch von über vierhundert Seiten handelt von seinen Ansichten, seinen Absichten und den Stufen des Erfolges. Auf die Staffage, wie er sie mit Turban und Pfeife dem Türken gegeben hat, verzichtet er jetzt; sachlich und im Ton bescheiden, in angenehmer Erzählform berichtet er, wie er die Instrumente studiert habe auf ihre Annäherungswerte an die menschliche Stimme, bis ihm beim Anhören eines Dudelsackpfeifers eine Einsicht sich öffnete. Das geht nun sehr überlegt, vorsichtig und pedantisch weiter: ein Mundstück oder Stimmrohr hat die menschliche Stimmritze darzustellen, ein Klappensystem reguliert den Windgang und seine Stärke, ein Blasebalg ersetzt die Lunge. Mit den Selbstlauten a, o, u geht es verhältnismäßig leicht, schwieriger wird es mit dem e und gar mit dem i. Dann werden die Konsonanten entwickelt, von den Labialen aus, die am schnellsten bewältigt werden, zu den Zisch- und Gaumenlauten – er entschuldigt sich, daß die Artikulation nicht immer sicher ist, sie gelingt im Lateinischen und Italienischen besser als im Deutschen –, durch eine Tastatur wird das monströse Ding bedient, und es soll den Berichten zufolge mit der Stimme eines etwa vierjährigen Kindes laut und deutlich, wenn auch langsam gesprochen haben. Kempelen sah seinen Versuch selber nur als Versuch an und unterbreitete seine Meinungen einer reiferen Einsicht, einem nachdrücklicheren Studium – hier will er nicht das Kunststück der verführerischen Täuschung vollziehen, sondern es klingt ein bißchen Pädagogik durch: die vollkommene Maschine wird ein Vorbild sein können gegenüber den Unsicherheiten der Umgangssprache. Auch die Sprechmaschine hat noch einmal Sensation gemacht, der Kempelen schien ein Tausendsassa zu sein – aber der Türke war für die Gesellschaft wie für die Masse geheimnisvoller gewesen, und das dicke Buch wollte ja nicht unterhalten, sondern belehren. Aber da fiel es nun zwischen die Zeiten. Auch die Romantik hat dies Stück der Aufklärung, die technische Phantasie, nicht völlig verabschiedet, sie hat sie in ihren späten Stadien skurril weitergebildet, aber sie hat mit ihr *gespielt*. Hier aber war es Kempelen ernst, und sein künstliches und kunstreiches Mühen, wirklich das »Maschinelle« am Menschen selber nachzubilden, mußte bei der Beendigung schon fast verjährt erscheinen, da eine neue Schau des Menschlichen begonnen hatte.

Graf Reinhard

War er nur ein Statist, den die Geschichte in eine Dauerstellung nahm, weil er gut aussah, allerhand Sprachen verstand und über mancherlei menschliche und sachliche Verdrossenheit hinweg sich immer zur Verfügung hielt, fleißig, gebildet, loyal? Sein Name gespenstert durch fast ein halbes Jahrhundert europäischer Politik, im französischen Sektor, doch hin und wieder deutlich aus ihm heraustretend: da erscheint er als ein Gast und kein unwesentlicher der deutschen Geistesgeschichte. Die Darstellungen der Zeit, von der Revolution über Napoleon zu den Bourbonen und dem Orleans, können nicht über ihn wegsehen: er steht immer irgendwo auf der Bühne, groß gewachsen, fast steif. »Il se tient si droit qu'il dépasse la perpendiculaire«, sagt Talleyrand von ihm. Das Schicksal will es, daß er einmal aus der Komparserie heraustritt, in die Mitte der Handelnden oder doch zum Handeln Berufenen: im September 1799 wird er Minister des Auswärtigen der Französischen Republik. Das Schicksal? Nun ja, es heißt Talleyrand und Siéyès – der etwas plötzlich zum Minister Gewordene wird nicht durch Tatwillen und Ehrgeiz an diese

Stelle getragen. Aus den Briefen, die seine Gattin, Enkelin des Hamburger Lessing-Reimarus, der Mutter schreibt, sieht man, daß dieser Minister – er ist damals achtunddreißig Jahre alt – seine Berufung als Ausweg personeller Verlegenheiten begreift. Die Episode dauert dann auch nur ein knappes Vierteljahr. Aber daß es sie überhaupt gibt, mußte immer die Phantasie entzünden; es sind wenig mehr als zwölf Jahre, freilich was für Jahre, da predigte dieser Mann als evangelischer Pfarr-vikar in der kleinen Amtsstadt Balingen vor schwäbi-schen Ackerbürgern. In diesem Paradox, das einen jun-gen württembergischen Theologen zum französischen Diplomaten machte und das die Franzosen einen zwar sehr gebildeten, aber etwas unbeholfenen Stiftler in ihrem Außendienst verwenden und ertragen ließ, liegt eine ungewöhnliche Anziehung. Welcher Art war die-ser Mann? Ein hingerissener Enthusiast, ein fanatischer Doktrinär, ein ehrgeiziger und bedenkenloser Abenteu-rer? Es gehört immer zum Verlauf von Revolutionen – wenn man will zu ihrer immanenten Technik – Herkünfte zu mengen, das Ungewohnte, das Wider-sprechende zu legitimisieren; es gehörte immer zu einer bizarren Verschwendungssucht Württembergs, seine Talente, die romantischen wie die exakten, in die Fremde zu entlassen, damit sich in der Begegnung von festem Erbe und wechselvoller Umwelt ein Schicksal forme – der Fall Reinhard ist der eigentümlichste. Nicht nur wegen der Spannweite des äußeren Lebens. Daß ein

Stiftler in die Diplomatie geriet, sagt noch nicht viel –
aus einem Stiftler kann alles werden. Noch weniger
bedeutet der Abschied von der Theologie – der junge
Reinhard war wohl mit Zeugnissen durch die Studien
gegangen, die ihm einen glänzenden Aufstieg in der
kirchlichen Hierarchie sicherten, aber man hatte Rous-
seau gelesen, eine Gedichtsammlung, eine Tibull-Über-
setzung in der Schweiz veröffentlicht, der Tübinger
Kreis hatte Freundschaften zu den jungen Leuten von
der Karlsschule gefunden, Reinhard sucht den um zwei
Jahre älteren Schiller auf – sein Leben, ja sein Ehrgeiz
scheint in einer verwandten Richtung angelegt. Es
fehlen auch nicht die Talente – gewiß läßt der französische Staatsmann keine Gedichte mehr drucken, aber der
Privatmann, der Liebhaber schöner Dinge, begleitet bis
ins Alter die Ereignisse des familiären, des freund-
schaftlichen Lebens mit lyrischen Kommentaren, Refle-
xionen, sicher in der antiken Metrik. Aber der Pfarr-
vikar, den sein Herzog zu einem Auslandsaufenthalt als
Hauslehrer beurlaubt hatte, erlebte in Bordeaux den
Ausbruch der großen Revolution, geriet in den Zirkel
der provinzialen Radikalen, einige von ihnen werden
bald als Führer der »Gironde« im Nationalkonvent
eine Rolle spielen – der junge Schwabe läßt sich von
der Aufbruchstimmung einer neuen Zeit tragen, die Geschehnisse in Frankreich erscheinen ihm als Wegbereiter zu einer neuen Völker- und Gesellschaftsordnung.
Das ist alles nicht ungewöhnlich. Er gehörte nicht zu

jenen Deutschen, die der französische Umsturz anzog, so daß sie die Heimat verließen, er erlebt seit 1787 seine Vorspiele, sein großes Pathos, seine erste Gefährdung – diese ist es, die ihn veranlaßt, französischer Staatsbürger zu werden: er will die Idee verteidigen, zu der er sich bekannt hat, und da diese Idee ihre Heimat in Frankreich genommen hat, will er Frankreich verteidigen. Dieser Entschluß des Einunddreißigjährigen vollzieht sich, wenn man die Dokumente richtig versteht, ohne Bruch. Was bedeutete ihm viel dies Herzogtum Württemberg, in dem er, Schillers Zeitgenosse, den Tyrannenhaß als Gesinnungsstil seiner Generation gelernt hatte! Man würde drüben in der Heimat ja auch noch von den Früchten genießen, wenn erst hier der Musterbetrieb der sozialen und politischen Zukunft hergestellt und gesichert wäre. Die Berichte, die er erst aus Bordeaux, später aus Paris in die Heimat schickt, haben den naiven Eifer des Propagandisten, des Belehrenden, des Rechtfertigenden. Muß man ihn zu Hause nicht beneiden, daß er dem Weltgeschehen so nahe ist? »Ich sah in der Französischen Revolution«, schrieb er im November 1791 an Schiller nach Jena, »nicht die Angelegenheit einer Nation, mit der ich vielleicht niemals ganz sympathisieren werde, sondern einen Riesenschritt in den Fortgängen des menschlichen Geistes überhaupt und eine glückliche Aussicht auf die Veredelung des ganzen Schicksals der Menschheit.« Es scheint ihm der Genosse der Jugendjahre, als Historiker, »durch allzu großes

Streben nach Unparteilichkeit zuweilen parteiisch geworden zu sein«; er will ihn in eindringlichen Darlegungen halten: »Mich dünkt, in einem Zeitpunkt, wo der große Prozeß zwischen den Herrschern und Beherrschten so laut zur Sprache gekommen ist, sollte von einem Manne, dessen Stimme so überwiegend ist wie die Ihrige, den Menschenrechten auch nicht ein Haarbreit vergeben werden, selbst nicht aus Furcht, ihren Mißbrauch zu begünstigen.«

Der das schrieb – das Echo des Briefes ist nicht bekannt – fühlte sich noch frei von der Problematik, die seine Zukunft überschatten sollte. Daß die Französische Revolution in wenigen Jahren ihre »menschheitlichen« Vorzeichen abwerfen, daß aus ihr der nationalpolitische Gedanke als neue, ein Jahrhundert und mehr bestimmende Geschichtsmächtigkeit heraustreten würde, konnte dem Dreißigjährigen so wenig vor Augen stehen wie irgendeinem seiner Zeitgenossen. Wenige Monate nach dem Brief an Schiller nimmt Reinhard die Bestallung im französischen Staatsdienst entgegen; seine Freunde, die Girondisten, haben dem König ein Ministerium abgezwungen. Das Amt ist nicht erheblich, der junge Schwabe begleitet als erster Sekretär den neu ernannten Gesandten nach London. Die Tübinger hohe Schule hatte ihn nicht gerade zur Diplomatie vorbereitet, aber er besaß Sachkenntnisse, die seinem Kreis imponierten. Als Talleyrand dem eben verstorbenen Mitarbeiter 1838 die akademische Gedächtnisrede hielt, erinnerte er an den Vorrat von Wissen, den dieser Fremde in die Geschäfte mitbrachte: »Er kannte wohl fünf bis sechs Sprachen, deren Literaturen ihm vertraut waren. Er hätte sich als Dichter und Historiker, als Geograph berühmt machen können.«

Daß er, war schon der Schritt getan, gerade ins Auswärtige Ministerium führte, mochte sich bald genug für Reinhard als eine Art von Lebenssicherung erweisen. Das Jahr in London, dem ein Jahr in Neapel folgte, brachte keinen Erfolg; beide Missionen, die eine Neutralitätspolitik der Staaten erreichen sollten, scheiterten, weil die Entwicklung in Paris die Vertrauenswürdigkeit des Regiments erschütterte. Aber eben diese Entwicklung, die den Terror einleitete, vernichtete auch die Männer, die ihn gerufen hatten. Daß er während der Katastrophe der Gironde im Ausland weilte, ließ ihn zunächst fast unbemerkt bleiben. Wohl amtete er von Ende 1793 in der Hauptstadt selber, man hatte ihn zum Bürovorstand im Außenministerium ernannt, und diese mehr technische Funktion machte ihn politisch mehr oder weniger unsichtbar. Von Diplomatie im überkommenen Sinn konnte damals überhaupt nicht recht die Rede sein. Was Reinhard, der durch Robespierres Herrschaft vorübergehend gefährdet war, in dieser Zeit leistete, war eigentümlich genug: er hielt den Mechanismus der inneren Amtsapparatur in Gang, einigermaßen in Ordnung. Das ist *die* Leistung, die von den Franzosen in der Gesamtbewertung des Mannes wohl am deutlichsten gesehen und anerkannt wird. Und hier wieder das Paradox: Das Schicksal mochte wohl gedacht haben, ein romanhaftes Abenteurertum einzuleiten, indem es diesen jungen Schwaben sehr nahe à la suite der wüsten und blutigen Händel eines bösen Machtkampfes stellte, aber es hatte sich vergriffen und einen sehr sorgsamen, sehr versierten, sehr sauberen, leicht pedantischen Beamten in die Hand bekommen. Die sonderbarste Bewährung: das »Geschenk Tübingens an Frankreich« hat ihn später der Nachruf in der Pairskammer genannt, der gebildete Lobredner dachte wohl an den geistigen Rang der hohen Schule, aus der für jene Generation Schelling und Hegel europäische Namen geworden waren; wir legen in das Wort noch jene geschulte Korrektheit, in der etwas von nüchternem Puritanertum steckt.

Man darf, auf den amtlichen Einsatz des Mannes blickend, nicht vergessen, daß das 17. und 18. Jahrhundert viel größere Beispiele kannte der politischen oder militärischen Dienstnahme im fremden Staats- und Volksbereich; erst das 19. Jahrhundert bringt mit seinem Anspruch der nationalpolitischen Bindung das Gefühl für das Ungemäße, ja Unmögliche. Reinhards symbolhafte Bedeutung wird es, hier im Schnittpunkt einer Entwicklung zu stehen. Seine Rolle tritt in eine tiefe Fragwürdigkeit erst von dem Augenblick, da er in der französischen Diplomatie als Spezialist für die deutschen Dinge zu wirken beginnt, und daß er diese seine Rolle durchhält in einer Periode, die gerade diese Scheidung im Grundgefühl erlebt, um sie dann programmatisch ins Bewußtsein zu heben. Die diplomatischen Außenposten, die er von 1795 bis 1832 versieht – solange dauert der aktive Dienst, die Unterbrechungen durch Urlaub oder Nichtverwendung sind nur ganz gering – heißen Hamburg, Florenz, Bern, Hamburg, Jassy, Kassel, Frankfurt, Dresden. Davon fallen aber auf die außerdeutschen Stationen nur drei, freilich sehr bewegte Jahre: in Florenz ist er 1799 als Kommissar sozusagen Regent des Landes, bis er fliehen muß; in der Moldau wird er von den Russen gefangen und verschleppt. Die Tätigkeit in Deutschland ist ohne Abenteuer. Aber er erscheint nun in der Begleitung derer, die das alte Reich liquidieren, als Ratgeber oder Werkzeug. Kein Wunder, daß er in dem Kreise von Arndt als Apostat gelten mußte. Aber, was noch erstaunlicher ist, wenn man auf die Spanne der Jahre blickt: dieser Enthusiast der Menschenrechte von 1791, der Schiller beschwört, dient dem Direktorium, dem Konsul, dem Kaiser, geht für die Bourbonen nach Frankfurt zum Bundestag und läßt sich, nach der Julirevolution, von dem Orléans nach Dresden schicken. Ehrgeizig, machthungrig, charakterlos? Ein Kleber am Amt, an der Pfründe? Die persönlichen Zeugnisse verhindern ein solches Globalurteil: nicht nur daß er ein völlig integres Leben führte, die achtungsvolle Freundschaft, die ihn mit politisch und geistig führenden Deutschen jener Jahre verband, lassen den Fall so kompliziert erscheinen. Er empfand selber den Kontrast seiner Existenz, wenn er ihn auch zumeist mit Schweigen verdeckte – gelegentlich mochte er sich, in den Verhandlungen mit Hamburg, in seiner Mitwirkung beim Schicksal der nordwestdeutschen Universitäten, die Sache so zurechtlegen, daß er mit Kenntnis, Geduld, Rat, Einwirkung nach beiden Seiten »Schlimmeres verhüte«. Doch war es nicht so, daß nur die deutschen Patrioten, wenn sie dem Mann oder seinen Wirkungen begegneten, das Ungemäße dieser Partnerschaft empfanden. Auch für die Franzosen konnte er keine eindeutige Figur sein. Zwar war es für sie bequem, einen Mann zur Verfügung zu haben, dessen Sachkunde unbestritten war, der neben, vielmehr unter Talleyrand allmählich etwas wie eine Tradition der französischen Diplomatie darstellte. Aber es fehlte in kritischen Augenblicken nicht die mißtrauische Überlegung: das ist ja gar kein Franzose von Geblüt. Auch darum wußte Reinhard; seine Verteidigung ist die vollkommene Korrektheit, und jener hartnäckige Entschluß, der alle Reflexion abwehrt, bei der Pflicht zu verharren; sie war einmal Enthusiasmus, sie wurde dann Bindung und Gewöhnung, als er sich entschieden hatte, »Franzose zu werden«.

Ist er denn nun aber »Franzose« geworden? In seinem dienstlichen Ehrgeiz gewiß, in seiner geistigen Haltung nicht. Da will er Deutscher bleiben, und, wenn er auch gelegentlich klagt über die Lücken, die seine

Kenntnis der neueren deutschen Produktion besitze, sie beschäftigt ihn mit einer heimlichen Sehnsucht durch sein ganzes Leben. Über seine politische Eignung ein Urteil zu gewinnen, ist nicht leicht. Die französische Literatur über ihn, dessen Leben eine so außerordentliche Spanne französischer Geschichte umgreift, hat einen geringen Umfang. Die Revue des Etudes Napoléoniennes hat einige der Kasseler Berichte abgedruckt, Hofintrigen, Hofgeschwätz, lebhafte, halbironische Festschilderungen – sie charakterisieren den Literaten, nicht den Diplomaten. Die Société d'histoire Contemporaine hat ihm wohl vor ein paar Jahrzehnten einen schönen Band gewidmet, aber der ist in seiner Art der sonderlichste Erweis für die eigentümliche Lage: ein dicker Band mit den gescheiten und munteren Berichten, die Reinhards Gattin, Christine Reimarus, an ihre Mutter, an den Hamburger Freundeskreis sandte; die Enkelin hat die Sammlung herausgegeben, aber die Briefe waren natürlich deutsch geschrieben. So liegt die intimste Quelle über Reinhard nur in einer – Übersetzung vor. Er hat, oft dazu ermuntert, es abgelehnt, seine Erlebnisse niederzuschreiben.

»Ja, viel hätte ich zu sagen gehabt über mich, über die Menschen, über die Dinge, aber ich habe es nicht gewollt«, steht in einem Brief an den Freund vom Bundestag, Gagern; am 11. Dezember 1837 begonnen, blieb dies Schreiben unvollendet, am 25. Dezember starb er. »Ich habe es nicht gewollt.«

Treitschke spricht, über Napoleons hannoversche Politik handelnd, von dessen »vielgewandtem Reinhard«. Das Wort will nicht recht passen zu den Berichten, die über eine gewisse ungelenke, manchmal verdrossene, oft versteinerte Art des Sich-Gebens erzählen. Talleyrand, der, sein eigener Schwanengesang, für Reinhard die Gedächtnisrede in der Akademie hielt und dabei gewiß in der Distanzierung ebensosehr an seinen Nachruhm dachte wie an die Charakterisierung des Mitarbeiters, meinte, daß ihm zum vollkommenen Diplomaten die Fähigkeit des mündlichen Ausdrucks mangelte: »Um diese Geschäfte auszuführen, brauchte sein Verstand mehr Zeit, als ihm in der Konversation zur Verfügung stand. Damit seine innere Rede leicht sich hervorbringen konnte, mußte er allein sein ohne Zwischenmann.« Aber, hatte es vorher geheißen: »Sein geschriebenes Wort war reich, flüssig, geistvoll, pikant; von allen diplomatischen Korrespondenzen meiner Zeit war keine, der der Kaiser Napoleon, der schwer zu befriedigen war, nicht diejenige des Grafen Reinhard vorzog.« Napoleon selber sprach in St. Helena über Reinhard als einen homme honnete et d'une capacite ordinaire. Das klingt nicht sehr freundlich. Das Zeugnis der Ehrenhaftigkeit mag freilich durch den Zeitpunkt, da es gesprochen wurde, einiges Gewicht erhalten: Napoleon sah damals den Mann, den er mit der fast delikatesten Aufgabe, der Überwachung und Lenkung des Bruders Jerome in Kassel, beauftragt hatte, in den

Diensten des Bourbonen, und es wäre nicht erstaunlich, wenn er über Treulosigkeit geklagt hätte. Das Urteil über die durchschnittliche Begabung trifft gewiß nicht die intellektuelle Ausstattung, die ungewöhnlich war, aber sie zielt wohl auf einen eigentümlichen Mangel: in den Äußerungen Reinhards, soweit sie vorliegen – Wilhelm Lang in Stuttgart hat vor bald einem halben Jahrhundert seinem Landsmann eine stoffreiche Darstellung gewidmet – wird man vergeblich nach einer selbständigen politischen Konzeption von eingehender Kraft suchen. Er ist der geborene »zweite Mann«, fleißig und loyal als Ratgeber, zuverlässig und geschickt als Ausführender, in den mittleren Dingen wohl auch der Freiheit der geschickten Nebenzüge und Aushilfen nicht entbehrend; aber ...

Das Undeutliche ist das Schicksal des Mannes im Raum der Politik; für die Historie bleibt er eine Verlegenheit: sie sieht das Dilemma zwischen seiner amtlichen Existenz und seiner geistigen Haltung. Für die Franzosen bedeutet er im Grunde nicht sehr viel; daß die Bourbonen ihn zum »Grafen«, daß der Orléans ihn zum Pair von Frankreich gemacht hat, ist nicht viel mehr als Arabeske dieses merkwürdigen Lebenslaufes; man mag darin eine eigentümliche Fügung sehen, daß in den letzten Jahren die pflegliche Sorge des ehemaligen Stiftlers der Pariser Hugenottengemeinde gehörte. Er betreute ihre Verwaltung – das Theologische war verblaßt, das Religiöse nie sehr stark gewesen, aber in

dem internationalen Weltmann hatte sich die Kindheits-
atmosphäre nicht ganz verflüchtigt.

Für sein deutsches Sein aber gibt es ein merkwürdiges
Denkmal: der Briefwechsel mit Goethe. Der hat ihn,
wie ja schon die Jugendbeziehung zu Schiller, zu einer
Randfigur der Literaturgeschichte gemacht. Faßt man
ihn aber schärfer ins Auge, so ist er mehr. Im Frühsommer 1807, nachdem er aus der russischen Gefangenschaft freigelassen, hatte er in Karlsbad Erholung gesucht, Goethe weilte dort, und es entspann sich rasch
ein freundschaftlicher Verkehr, sie waren Tag um Tag
beisammen. »Schon der Moment«, schrieb Goethe in
den Tag- und Jahresheften, »in welchem sich ein neuer
würdiger Landsmann von Schiller und Cuvier darstellte, war bedeutend genug, um alsbald eine nähere
Verbindung zu bewirken.« Fühlte er sich an Schiller
erinnert? Als ein paar Monate später Reinhard in Weimar weilt, wird er vom Herzog, der Herzogin, von Frau
von Wolzogen auf seine »auffallende Ähnlichkeit« mit
Schiller angesprochen; er meint darüber zu Goethe, daß
diese »wohl mehr in den Manieren als in den Zügen
liegt«. In der Tat gibt der Vergleich der Bildnisse nicht
den Eindruck der Ähnlichkeit, von dem auch sonst
Zeugnisse reden: Reinhards Schädel hat etwas Gedrun-
generes. Aber die Weimarer Gesellschaft ist so bewegt
von der Erinnerung, daß auch Schillers Witwe, die den
Gast nicht antrifft, an Cotta darüber schreibt. Goethe
nun faßt zu dem Mann des seltsamen Lebens eine inte-

ressierte Zuneigung, um so mehr, als dieser sonst auf manche Zurückhaltung stößt – die Jahre nach Austerlitz und Jena! –, Reinhard aber findet in dieser Begegnung den festen Grund für sein seelisches Leben. Man kann wohl annehmen, daß er, da Goethe an ihm Gefallen zu finden schien, zunächst sich etwas an ihn anklammerte. Die Farbenlehre beherrscht in jener Zeit das Denken – Reinhard mit seinem ordentlichen Schulsack und bereiten Verstand, ist ein guter Zuhörer, Frager, Antworter; er bietet sich als Propagandist der neuen Thesen für Frankreich an, plant Übersetzungen, Hinweise, er will Goethe mit dankbarem Eifer dienstwillig sein. Doch ist das nur der Durchgang. In dem Brief, den er von Weimar an Goethe nach Karlsbad gerichtet hatte, schreibt er: »Hätte ich gewußt, daß Menschen, deren Wert von mir anerkannt hoch über dem meinigen stand, sich für mich und meine Schicksale interessieren, so würde der ganze Gang meines Lebens eine andere Wendung genommen haben. Aber dieses Geheimnis verbarg mir die Nemesis. Die Nation, unter der ich lebte, verdeckte mir die übrige Welt, und je tiefer ich fühlte, daß ich ihr nicht angehörte, um so mehr verzweifelte ich, anderswo eigenen Grund und Boden zu haben. Ich erschien mir in jedem Sinn als ein Mensch ohne Vaterland … Was meinem Schicksal jene bizarre Wendung gab, darüber muß ich schweigen … Sie sind in jedem Sinn mein Wohltäter geworden, und ich gehöre Ihnen ewig an.« Im Jahre 1850 ist der Briefwechsel der beiden Männer veröffentlicht worden, er dauert an fünfundzwanzig Jahre, bis zu Goethes Tod, und umfaßt hundertundsiebzig Briefe. Einige Male gibt es längere Unterbrechung, dann Besuch und Begegnung; die Freundschaft wird symbolisch verfestigt, indem Reinhard zur Patenschaft beim zweiten Enkelsohn geladen ist. Die Sammlung trat ans Licht in einem Zeitpunkt, der ihr ungünstig war; sie wurde Material für Goethephilologie, blieb aber wenig beachtet (mühselig genug, sie heute beim Antiquar aufzutreiben) und gehört doch zu den schönen und bewegenden Briefwechseln. Gewiß hat er nicht den geistesgeschichtlichen Rang wie Goethes Austausch mit Schiller. Reinhard ist selber keine schöpferische Natur, aber seine Aufnahme ist produktiv, und man spürt, wie Goethe, der ihn in seine Pläne einweiht, der ihn rasch, unter den ersten, mit seinen Veröffentlichungen versorgt, darauf wartet, die klare, warme, gescheite und selbständige Beurteilung von dem fernen Freund zu empfangen. Die Weltgeschichte ist voll von Not und Drang und Spannung, der eine der Briefschreiber dem politischen Gehändel verhaftet – es läßt sich nicht ganz vermeiden, daß Erlebnis und Erfahrung auch in den Briefen gelegentlich einen Widerhall finden. Doch nur gelegentlich – Goethe, der Staatsminister, Reinhard, der Diplomat, sind Künstler des rücksichtsvollen und schonenden Taktes, es wird wenig gefragt, es wird, was die Dinge der groben Welt der Tageskämpfe betrifft, mehr angedeutet als ausgesprochen. Aber Reinhard hat sein Vaterland gefunden: Weimar. Von dem Bewußtsein, zu Goethes Welt zu gehören, zieht er die innere Kraft, es erlaubt ihm vor sich selber jenes andere kuriose oder verschlungene äußere Beamten- und Diplomatendasein – mochte es am Beginn seinen Reiz besessen haben, später wird es nur eben zur technischen Pflicht. Das kühle, manchmal verstimmte Leben des äußeren Getriebes scheint nichts gemein zu haben mit jenem anderen, das ihm durch Jahrzehnte das »eigentliche« geworden ist, von einer schönen Dankbarkeit durchwärmt. Dazu ein eifriges Mittlertum. Bei Bonn besaß Reinhard einen kleinen Sommersitz, Falkenlust – von dort hatte er in Friedrich Schlegels Kölner Zeit zu diesem interessierte Beziehungen gepflogen; mehr als interessiert konnte die Beziehung seiner Natur zur Romantik nicht sein, so stark die Sprachstudien der Schlegel Kongeniales berühren mochten. Aber er tritt auch Sulpiz Boisserée nahe, und es ist sein Anliegen, Goethe für den jungen und eifervollen Enthusiasten zu erobern. Das gelingt, und Reinhard wird hier der Helfer zu einer höchst fruchtbaren Verbindung. Doch nicht dies allein. Reinhard wird in dieser Luft innerlich frei: seine Verehrung für Goethe hält ihre eigene Würde, die weiß, daß der Beschenkte auch dem Spender zu geben habe aus der Fülle seiner Weltsicht und Bildung. Das Verkrampfte und Problematische, das der diplomatischen Sonderstellung immer verbunden blieb, sinkt weg; hier erscheint er, wenn auch anders als der heimatliche Jugendtraum in Schillers Nähe das gedacht hatte, als ein legitimes Glied der deutschen Geistesgeschichte.

Der Diogenes von Paris

Es mag Ende 1787 gewesen sein, da hielt in der Rue Richelieu vor dem Hotel des Deux Siciles der von Boulogne eintreffende Postwagen. Der Reisende kam aus England. Sechs Jahre hatte er in diesem Land zugebracht, seine Sitten und Institutionen studiert; das war an sich ein bißchen lange gewesen für die Bildungsreise, die im Lebensprogramm junger bemittelter deutscher Adelssöhne jener Epoche stand. Aber dem Gustav von Schlabrendorf hat es nie sehr geeilt, mit seinen Sachen und Plänen fertig zu werden. Er ist deshalb auch mit keinem ganz fertig geworden. Immerhin waren die Jahre in England ertragreich für die Erkenntnis des Volkscharakters, für die Beurteilung der frischen gewerblichen Bewegung, die eben in das Land gefahren war und den auf praktische Wohlfahrt bedachten Sinn des Beobachters gefesselt, wohl auch beunruhigt hatte. Der glückliche Zufall hatte ihn im letzten Jahre mit einem einige Jahre jüngeren preußischen Beamten zusammengeführt, der herübergekommen war, um das Bergwerkswesen und anderes zu betrachten; dem konnte er, indem er ihn auf seinen Reisen begleitete, mannigfach nützlich sein. Aber er mußte auch von dem Temperament und dem starken Verstand des Landsmannes beeindruckt werden: es war der Reichsfreiherr Karl vom Stein, der, zurückgekehrt, die westfälische Bergverwaltung in seine Hand nehmen würde.

Schlabrendorf war jetzt siebenunddreißig Jahre alt. Mit der Verwaltung seiner schlesischen Güter hatte er sich nicht allzulange aufgehalten. Eigentlich lag es nahe, daß er in den Dienst des Staates trat; die Familientradition wies darauf hin. Der Vater war einer der ausgezeichnetsten Helfer des großen Königs gewesen, seit 1755 Etatminister für Schlesien und gerade dort in den Schwierigkeiten des Siebenjährigen Krieges sich aufs höchste bewährend; daß der sparsam gewordene Friedrich dem Manne 1763 eine Dotation von fünfzigtausend Taler zuwies, in einer Zeit, die an Mitteln wahrlich knapp geworden, ist der sinnenfälligste Ausdruck, was die Leistung des Mannes dem Monarchen gegolten hat. Doch war er nicht immer ein bequemer Staatsdiener, und als er, erst fünfzigjährig, 1769 starb, war eine Wolke zwischen Fürst und Minister getreten. Friedrich muß gespürt haben, daß er bei diesem Verdruß im Unrecht war; er verlieh nach dem Tode des Mannes der Familie die Grafenwürde. Auf dem Rauchschen Denkmal in Berlin ist Schlabrendorf zwischen den Paladinen des Königs eingereiht.

Den Sohn aber zog es nicht in die staatliche Laufbahn, zunächst wenigstens nicht. Das mochte sich finden. Er hat in Frankfurt a. O. und Halle studiert, Jura, Staatswissenschaften, Philosophie, es sind Briefe an seinen Hofmeister Biedermann erhalten, die sehr früh den Zug seines Wesens verraten, fremde Schicksale auf seine Seele zu nehmen. Auch dem Waisenhausleiter Fromann in Züllichau hilft er für bedürftige Zöglinge; zuerst schenkt er ihm Geld, dann macht er ihm pädagogische Vorschläge, die Unterstützungen durch eine Leihbank abzulösen. Das ist nicht zu übersehen: er will weitergeben, aber es soll auch geachtet werden, was dabei herauskommt. Es ist ein seigneurales Leben mit philanthropischer Grundtendenz, unterbrochen durch Reisen, die in deutsche Länder, in die Schweiz, nach Frankreich und England führen. Nun ist er also wieder in Frankreich.

Das Zimmer, das ihm der Gastwirt zu den »Beiden Sizilien« anwies, hat dem Reisenden gefallen. Er richtete sich auf längeren Aufenthalt darin ein: Paris mußte, gerade im Vergleichen mit England, allerhand Interessantes bieten; die staatlichen Dinge verrieten Spannung und Bewegung. Er hat denn auch das Zimmer ziemlich lange bewohnt, an 37 Jahre, bis man ihn, etwas gewaltsam, 1824, kurz vor seinem Tode, in ein Erholungshaus vor der Stadt genötigt hatte. Diese phantastische Treue zu einem Hotelraum erfuhr einmal eine siebzehnmonatige Unterbrechung. Sie war nicht freiwillig. Er wurde verhaftet, in den Kerker geworfen und für die Guillotine bestimmt.

Wenn man von einem abenteuerlichen Lebenslauf den Wechsel der Situationen erwartet, ein wagendes und überraschendes Beginnen, das Beherrschen der mannigfachen Schauplätze, dann genügt der Graf Schlabrendorf den Ansprüchen nicht ganz. Aber die tief paradoxe Situation, daß ein schlesischer Magnat auf einer Reise in diesem Paris hängenbleibt, da es eben im Begriffe steht, eine Revolution zu erleben, daß der Mann Parteigänger und fast Opfer dieser Revolution wird, und daß er, errettet, ein, zwei, drei Jahrzehnte einfach da bleibt, Zaungast der Weltgeschichte, die sich neben ihm abspielt, und dabei doch selber immer eine Mitte, hat einen eigentümlich anziehenden Reiz. Es ist nicht leicht, seiner habhaft zu werden. Durch die Geschichte der Französischen Revolution, der Napoleonischen Zeit wandert sein Name als der des gräflichen »Sonderlings«, und die kauzigen Züge seiner Lebensführung sind gewiß überreich. Doch bedeutet dieses seltsame Dasein mehr als eine kuriose Schnörkelei. Denn wo man nicht bloß den Legenden über den Mann begegnet, sondern den da und dort zerstreuten unmittelbaren Zeugnissen seines Wesens, spürt man die einsichtsvolle Weisheit eines freien Geistes und die Substanz einer moralischen Kraft. Schlabrendorf ist nicht der Revolution nachgereist, wie damals eine Gruppe jüngerer Deutscher, wie Reinhard, G. Kerner, Oelsner, G. Forster, aber er ließ sich von ihr fesseln; sie schien ihm das Experiment der Geschichte, die Menschen freier und glücklicher zu machen, und wenn er daran auch nicht aktiv teilnahm, so wurde er der scharfsinnige Glossator; nicht nur seine Landsleute hörten auf seinen Rat, die Beziehungen gingen zu den Girondisten, zu Brissot, auch zu Siéyès.

Das machte ihn in der Zeit des Terrors verdächtig. Er erzählt darüber, daß er einem kleinen elsässischen Deputé, der bei ihm ein und aus ging, durch seine »Gelassenheit in den Stürmen« unheimlich wurde; so holte man ihn ab und warf ihn in den Kerker. Daß befreundete Diplomaten sich um seine Freilassung mühten, machte seine Lage nur gefährlicher. Über das Ende der Gefangenschaft gibt es einige Versionen. Der Balte Jochmann, dessen Niederschriften Zschokke herausgab, berichtet von Schlabrendorfs Erzählung, man habe ihn nach siebzehn Monaten »herausgeschmuggelt«. Varnhagen von Ense, der 1832 in Raumers historischem Kalender eine biographische Skizze über den Grafen veröffentlichte, legt den Vorgang in eine eigentümliche Anekdote. Schlabrendorf wurde aufgerufen, um den Karren zum Blutgerüst zu besteigen; er machte sich bereit, aber die Schuhe fehlten: »sie waren entwandt, vertauscht oder in einen Winkel gestellt, genug, nicht zu finden.« Der Kerkermeister sah ein: ohne Schuhe war der letzte Weg nicht anzutreten und ging auf den Vorschlag ein, das Opfer am nächsten Morgen mitzuschicken. Aber auf der Liste, die jetzt zum Aufruf kam, fehlte sein Name, und das ging so Tag um Tag, auf dem

Papier hatte er schon sein Haupt verloren, und ganz sorgsam war die Buchführung in dem Gewohnheitsbetrieb der Hinrichtungen nicht mehr. Schlabrendorf wartete, er war ein Sachwalter der Mitgefangenen, vertrieb die Zeit mit Sprachunterricht, Robespierres Sturz gab ihm und dem Rest der Opfer die Freiheit zurück. »Früher, auf Schulen, auf Reisen«, so äußerte er sich zu Jochmann,« hatte ich wohl Philosophie gehört und gelesen, aber gelernt habe ich sie erst in den Gefängnissen aux ecossais ... und die Methoden in dieser Hochschule wahrer Lebensweisheit waren in der Tat so ungemein zweckmäßig, daß es mir und meinen Mitgefangenen oder Schulkameraden schwergefallen sein würde, nichts zu lernen.«

Schlabrendorf brachte aus dem Gefängnis nicht nur eine Philosophie heraus, sondern auch einen langen, mächtigen Bart, niemand trug damals einen solchen. Aber er hatte sich ein wenig in ihn verliebt und reflektierte über ihn mit einer etwas skurrilen Umständlichkeit, daß man glaubt, ihn auf einer Eitelkeit ertappt zu haben. Im Grunde war aber dieser Schmuck das Ergebnis einer seltsamen Bequemlichkeit, die nun das Leben des Mannes zu bestimmen beginnt. Er macht aus der Bedürfnislosigkeit einen gewissen Sport, in Nahrung und Kleidung; dabei läßt er die großen Einkünfte aus den schlesischen Gütern leicht durch seine Hand gehen. Knauserig, ja geizig für sich selber wird er der Wohltäter für ungezählte Menschen, würdige und unwürdige; in seinem Nachlaß finden sich die Bittgesuche stößeweise. Das gefällt den Verwandten in Schlesien nicht, auch nicht der Berliner Regierung, daß, man weiß nicht, wieso und wozu, preußische Taler in Paris verläppert werden. Man verlangt von dem Grafen, daß er in die Heimat zurückkehre, sonst würden seine Güter konfisziert! Aber wer kann ihn zwingen! Er bleibt. Man begnügt sich mit der Sequestrierung – was er erhält, reicht übergenug. Doch sein Verhältnis zur Heimat wird problematisch. Freilich, auch das zu dem Lande, in dem er wohnen bleibt. Der Mann, der »die Revolution verehrt, aber immer die Revolutionäre verabscheut hat«, muß sich sein inneres Verhältnis zu der neuen Macht erst bilden, die aus dem Schoße der bewegten Zeit heraustritt. Es gibt eine hübsche Stelle in einem Brief von F. H. Jacobi an Max Klinger aus dem Jahre 1801: »Schlabrendorf sagte mir: es war acht Jahre lang hier alles drunter und drüber gegangen wie in einer Bauernschenke, einem Saufgelage, wo einer den andern überschreit, eine Prügelei die andere ablöst. Da trat Bonaparte mit seinem Hallo! auf. Hallo! rief er, und nur ein Hallo machte er. Sein erstes war, alle Lichter auszublasen. Er brachte keine Entscheidung, sondern nur ein Ende aller Fragen. Gleichviel, schrie er, Freiheit oder keine Freiheit, Religion oder keine Religion, Moral oder keine Moral; es ist alles einerlei: liberté, egalité, dabei bleibt es; und daß jetzt nur keiner das Maul aufthue und sich anders rühre, als man es ihn heißt;

denn wie es nun ist, so sollte es werden, und so muß es bleiben!«

Das Hallo! hat ihm also imponiert, aber auf die Dauer ihn nicht befriedigt, und daß es »so bleiben müsse«, war doch nicht in seinem Sinn. Damals schrieb er das einzige größere Werk »Napoleon Bonaparte und das französische Volk unter seinem Konsulate«. Es erschien »Germanien im Jahre 1804«, ohne Namen. Der Musiker J. Fr. Reichardt hat die Herausgeberschaft besorgt und galt eine Zeitlang als Verfasser – es war notwendig genug, die Welt in diesem Glauben zu belassen. Denn das Buch, dessen Autor in Paris saß, konnte dort keine Freude machen; Talleyrand forderte in Berlin seine Unterdrückung. Es ist mehrfach aufgelegt worden. Goethe hat das Buch in der »Jenaischen Allgemeinen Literatur Zeitung« rezensiert; etwas naßkalt, weil der Verfasser nicht »als völlig unparteiischer Geschichtschreiber verfahre« und »manches Ärgernis nimmt an dem außerordentlichen Manne ...«, doch wird er stofflich von der Darstellung, die »nicht ohne Methode« geschrieben, offenbar bewegt.

Natürlich wußte Napoleon, wußte Fouché, daß dieser Mann in dem Hôtel des Deux Siciles ein Gegner der werdenden Diktatur war. Man ließ ihn auch bespitzeln. Aber der unbeschwerte Freimut des Grafen, seine heitere Aufrichtigkeit, waren mehr rätselhaft als bedenklich: so ließ man ihn als ein seltsames Menschenstück sein Leben hintreiben, während die Weltgeschichte in großen Rhythmen ging. »Er hatte ein eigentümliches Talent, sich ganz unbemerkt zu machen«, schrieb der Weimarer Kanzler von Müller über Schlabrendorf, als er ihn 1807 besuchte, »während er doch alles beobachtete, von allem wußte, den Charakter und die Stellung der Parteien aufs genaueste beobachtete.« War er nach 1789 der Sammelpunkt für die jungen deutschen Revolutionäre gewesen, so war er später eine Art von Auskunftsbüro für Staatsmänner, Diplomaten, Bildungsreisende: in den Tagebüchern des Wilhelm von Humboldt, in den Briefen Arnims, der Karoline von Wolzogen findet man das Echo der Begegnungen.

Seine Heimat lag immer wieder im Krieg mit Frankreich, er blieb in Paris und machte seine Glossen zur Weltgeschichte. Man muß sich die Situation, mit späterem vergleichend, vergegenwärtigen und mag sich dabei erinnern, daß Alexander von Humboldt seit 1808 auch in Paris saß, Jahr um Jahr, während Leipzig, während Waterloo geschlagen wurde, mit französischen Gelehrten und Bildstechern den Ertrag seiner ibero-amerikanischen Reisen bearbeitend, dabei auch einem Kreise nahestehend, der Napoleon feindselig gesinnt war. Die Nachrichten über Schlabrendorf sind für diese Zeitläufte sporadisch; sein Nachlaß ist nicht ausgewertet. Er taucht in H. Barges Geschichte der Buchdruckerkunst auf, da er dem aus Schwaben stammenden Ludwig Stephan Herhan bei den Versuchen half, die Stereotypie zu vervollkommnen; er unterhielt »das Institut allein aus seinem Vermögen, ohne das Mindeste dabei zu gewinnen«, wie es in einem Gutachten an die preußische Regierung heißt. (Schlabrendorf meinte damals selber, diese Erfindung werde ihn den drohenden Verlust seiner Güter verschmerzen lassen, aber es ist nichts ökonomisch Brauchbares aus der Sache geworden.) In den Briefen erzählt er von seinen Studien über die Sprache, die er abzuschließen hofft und nie abschließt. Sein Ruf in der Heimat ist wiederhergestellt, als man erfährt, mit welchen Opfern er sich der Versorgung der preußischen Kriegsgefangenen gewidmet hat; Friedrich Wilhelm III., der sich zehn Jahre zuvor über die Widerspenstigkeit des seßhaften Grafen so ärgern mußte, verleiht ihm das Eiserne Kreuz am weißen Bande.

Er ist also wieder rehabilitiert, und im Jahre 1813, im Jahre 1815 legt man ihm nahe, nun doch zurückzukehren. Auch Stein, auch Hardenberg besuchen ihn; der König lädt ihn zu sich. Und er sagt ja. Er schreibt auch wohl von der kommenden Änderung seiner Verhältnisse. Damals ist Karoline von Wolzogen, Schillers Schwägerin, seine besondere Vertraute; die Schlabrendorfschen Briefe in deren »Literarischem Nachlaß« sind die bezeichnendsten Dokumente einer geistreichen Intimität und einer sehr skeptischen Beurteilung der staatsmännischen Schöpferkraft des Kartells der Sieger. Aber der Entschluß zur Heimkehr bleibt folgenlos. Er haßt die Bourbonen, soweit sein gelassenes Temperament solches Gefühl verstattet, aber Paris hält ihn.

Er nennt sich selber gelegentlich den Diogenes von Paris: da ist wohl das allmählich etwas verwahrloste Zimmer mit der Unmasse von Büchern seine Tonne. Aber er geht nicht mit der Laterne aus, Menschen zu suchen. Die kommen ja zu ihm, der allmählich etwas wie eine Sehenswürdigkeit distinguierter und weniger distinguierter Reisender wird, der »Eremita Parisiensis«, der »Socrates Parisiacus« – sie notieren seine Worte, Urteile, Anekdoten, er muß mit der leichten, ironisch überschatteten, unermüdlichen und farbigen Beredsamkeit etwas Sokratisches gehabt haben. Aber die Proben des literarischen Nachlasses, die Varnhagen seinem Essai anfügte, Aphorismen, Gedichte in freier Rhythmik, sind ins Schrullenhafte gekünstelt. Goethe meinte davon, daß diese »hinterlassenen Papiere aufs greulichste gegen ihn zeugen«. Ihn verdroß das Beispiel, daß doch »vorzüglich gute Menschen sich im Absonderlichen, Abstrusen bis ins Absurde hinein gefielen … Das schrieb er an Varnhagen, der seinem Essai von 1832 den sentenziösen Untertitel gegeben hatte: »amtlos Staatsmann, heimatfremd Bürger, begütert arm.«

Das Absurde war in der Tat Herr über das Leben des Greises geworden. Alexander von Humboldt kümmert sich etwas um ihn, und nach dem Tode (1824) verspricht er der Schwägerin, die auch zu Schlabrendorfs Freundinnen gehörte, die Büste zu besorgen. Aber dem Bruder schreibt er, daß der Graf »eigentlich im Schmutz verkommen ist«, »aus Bizarrerie« nur Obst aß, seit drei

Jahren kein Hemd mehr trug und so fort. Der Bericht ist wohlwollend, aber fast peinlich. Das Paradoxe seiner Existenz mußte den Tod überdauern; die Bücher sollten einer deutschen Universität hinterlassen werden, aber er konnte sich nicht entscheiden, welcher, und darüber starb er – ein Pariser Versteigerungskatalog von 1826 ist der Nachhall einer immensen Sammlertätigkeit, die frühe Drucke aller Nationen und Disziplinen umfaßte. Und da er kein reguläres Testament hinterlassen, aber mancherlei Verfügungen und Zusagen gemacht hatte, gab es solenne Kämpfe und Prozesse um die große Erbschaft – die Beerdigungskosten freilich hatte aus Mangel an Barmitteln die preußische Gesandtschaft bestritten.

J. K. Friederich aus Frankfurt

Die Stadt und dieser ihr Sohn haben nur geringe Freude aneinander gehabt. Sie fand, daß der unruhige und selbstbewußte Kopf, der sie, halb noch ein Kind, verlassen hatte, um à la suite der Weltgeschichte durch ein sehr bewegtes Jahrzehnt zu laufen, ihr wenig Ehre einbringe. Was war das schon: zuerst napoleonischer, dann preußischer Offizier! In der freien Reichsstadt besaß man keine eigene Soldatenüberlieferung und vom fremden Militärwesen hatte man wahrlich übergenug erlebt an Durchmärschen und Einquartierungen. Und nun war dieser Mann heimgekehrt und wollte so ziemlich alles besser wissen, ja er erklärte das ganze städtische Verfassungswesen, zu dem man nach dem Zwischenspiel des »Großherzogtums Frankfurt« zurückgekehrt war, mehr oder weniger für Mumpitz. Die Familie konnte einem eher leid tun; der Großvater von der Mutterseite saß im Rat und war Bürgermeister gewesen. Aber offenbar hatte die Zeit den Jungen verdorben. Vielleicht hatte dieser Heimkehrer erwartet, daß man ihn interessant fände, man fand ihn aber nur störend; es ist doch etwas wie gekränkte Liebe, die Enttäuschung des abgewiesenen Werbers, wenn Friederich in seinen späteren Werken immer wieder an der Vaterstadt, ihrem Geist, ihren Ordnungen sich rieb. Nur die Frauen ließ er einigermaßen gelten.

Der Mann war gründlich vergessen, als, das gehört zu dem Kuriosen der ungewissen Erscheinung, 1913 in Paris die »Mémoires d'un Mort« herauskamen. Die sehr gekürzte französische Übertragung war der Vorläufer einer deutschen Bearbeitung, die 1915 Ulrich Rauscher brachte; mehr als ein halbes Jahrhundert lag der letzte Druck zurück. Das Buch wirkte jetzt wie eine sensationelle Entdeckung und setzte auch die wissenschaftliche Forschung in Bewegung: der Frankfurter Bibliothekar F. C. Ebrard verfolgte die Spuren und hellte in manchen Zügen das Leben dieser Figur auf – ganz konnte das auch seinem Fleiß und Suchersinn nicht gelingen. Durch eine Gesamtausgabe hat dann A. Semrau die vier Bände: »Vierzig Jahre aus dem Leben eines Toten« und die späteren »fünfzehn Jahre« zugänglich gemacht. Ebrards bibliographische Entdeckungsfahrten gaben darüber hinaus die Hinweise, wo und wie man sonst des Mannes habhaft werden kann: er ist ein Vexierkünstler mit anonymen und pseudonymen Erzeugnissen. An zweitausend Seiten umfaßt allein die Niederschrift seines Lebens; man glaubt, ihn darin greifen zu können, aber immer wieder entgleitet er ins Schattenhafte. Ohne ein Schwindler zu sein, schwindelt er auf eine kokette, manchmal amüsante Weise. Das beginnt mit dem ersten

Satz, da er mitteilt, daß er zu der Stunde des Bastille-sturmes von Paris geboren wurde. Für den Sohn des Revolutionsjahres besitzt der 14. Juli offenbar eine ein-prägsame, symbolträchtige Marke. Die Frankfurter Ge-burtsregister lassen ihn aber erst ein halbes Jahr später, am 5. Dezember 1789, in das so bunte Leben treten. Er erzählt dann später, wie er in den Kämpfen um die Berufswahl, die er mit den Eltern auszutragen hat, Goe-thes Beistand ertrotzen will: der Dichter des Wilhelm Meister soll ihn, den es zur Bühne drängt, vor dem Kaufmannsstand zu retten helfen. Das wird ganz an-schaulich dargetan, wie er nach Weimar durchbrennt und sich bei dem großen Landsmann als Sohn einer befreundeten Familie einführt. Aber der Empfang ist einigermaßen frostig; dieser junge Mensch da scheint in seiner Unverfrorenheit nur Dummheiten vorzube-reiten. Schiller ist freundlicher; er bestätigt dem Rezi-tierenden einiges Talent. So weit, so gut – doch die Goethe-Philologie ist dem Memoirenschreiber auf die Sprünge gekommen. Denn sie hat entdeckt, daß nun in der Tat die Frau Rat ihrem Sohn über die Schauspieler-Absichten des jungen Menschen schreibt, die Familie sei für eine Beurteilung seiner Talente dankbar. Aber dieser Brief ist vom 26. August 1805! Nun weiß man nicht recht: war der Johann Konrad wirklich in diesem Herbst in Weimar? Aber das weiß man: Schiller, der sich ihm so verstehend erwies, lebte damals nicht mehr. Diese kleinen Züge mögen den Historiker warnen: hier handelt es sich um einen offenbaren Fall von »Beziehungswahn«, jenem so häufigen Bedürfnis, eine Sammlung von Begegnungen anzulegen und ihre Lücken munter zu ergänzen. Zweifellos – und doch ist der Kerl geschichtlich ungewöhnlich aufschlußreich, wenn man ihn nicht beim Wort nimmt, aber aus seinen Schilderungen die Atmosphäre einer Epoche erspürt.

Mit dem Schauspieler-Werden also ist es nichts. Friederich ist noch nicht sechzehn Jahre alt, als er Herbst 1805 in Mainz einrückt; der Junge erhält bald das Kommando, einen Transport nach Toul zu bringen. Es geht mit Ach und Krach, aber es geht. Und er hat für Ehrgeiz, Ruhmsucht und Abenteuer die Heimat gefunden.

Der geschichtliche Abstand könnte zu der sentimentalen Reflexion verleiten, nun dieses Schicksal als ein Stück Zeittragik zu deuten: da wird ein begabter, tapferer, deutscher Knabe, ein halbes Kind noch, der ungeheuren napoleonischen Militärmaschine eingefügt, durch halb Europa hin und her geschoben, in Italien, in Spanien kämpfend, schließlich in Murats Diensten auf Korfu stationiert, wo er den Zusammenbruch Napoleons erlebt; sein einziger Ehrgeiz dieser Jahre scheint zu sein, zur Garde selber zu kommen. Dies Schicksal steht dann stellvertretend für die Zeit, da das alte Reich sich auflöst; ein Atom des deutschen Volkskörpers wird ziellos, schier sinnlos in das europäische Staatenchaos hinausgesprengt und irrt dort herum. Man kann dies

Leben so sehen. Aber man blickt dann haarscharf an den Bewegungselementen dieses Johann Konrad vorbei. Denn er ist, als Junge wie im Alter, von nichts ferner als von pathetischer oder gar tragischer Selbstschau. Denn er fühlt sich pudelwohl, und wenn ihm Europa nicht immer und zu jeder Zeit die Gelegenheiten zu Waffentaten bietet, so stellt es sich ihm zum mindesten dar als das Gelände unablässiger amouröser Eroberungen.

Dem Neuerscheinen der Memoiren vor einem Vierteljahrhundert – ein wenig lag das an der Art, wie der witzige Ulrich Rauscher die Streichungen vornahm – folgte rasch das Wort: nun haben wir den deutschen Casanova! Das war ein bißchen billig und wurde beiden nicht gerecht. Friederich hat nun gewiß wacker den Casanova gelesen und sich von ihm Mut machen lassen, mit tapferer Pedanterie seine Liebesgeschichten zu erzählen, ja keine auszulassen, vielleicht einige dazuzuerfinden. Diese Geschichten, da in jedem Quartier, in jeder Garnison mindestens ein Abenteuer zu suchen oder mitzunehmen war, sind gelegentlich ganz lebhaft gemacht, in ihrer Häufung aber langweilig. Denn Friederich ist kein Künstler, der Situationen oder Menschen individualisieren könnte; die Dekoration der Alkoven wird ein bißchen, so nach dem ethnographischen Bedürfnis ausgewechselt, aber er kommt mit einem geringen seelischen Typenvorrat aus. Im Grund ist es eine renommistische Statistik, in der auch Napoleons

Schwester Pauline nicht fehlen darf, da er im Ludwigs-
burger Park zärtliche Huld aus dem schwäbischen
Herrscherhaus entgegennimmt – die Artistik, die
Casanova auszeichnet, ist der naiven Veni-Vidi-Vici-
Technik fremd. Das erotische Element verstellt den
zeittypischen Sinn der Erscheinung.

Der ist nun zu fassen in der ungewöhnlich farbigen
Beschreibung der nahen Zeitgeschehnisse, des Drum
und Dran, wie sich aus dem zusammengeholten Haufen
eines internationalen Regimentes eine Truppe bildet.
Die militärischen Aktionen, an denen Friederich teil-
nimmt, stehen, von den harten Kämpfen um Saragossa
abgesehen, nur in den Randbemerkungen der Geschichte: er ist, in Genua, in Neapel und Kalabrien,
wesentlich an den Befriedungsstreifzügen gegen die
Briganten beteiligt, zumal an der Einkreisungsjagd
gegen den berühmten, von den Engländern unterstütz-
ten Fra Diavolo. Als Murat seiner jungen Neapler
Königswürde Kriegsglanz zu geben unternahm, indem
er in einem kühnen Angriff Capri den Briten entriß,
zeichnete sich Friederich aus. Der Glanzpunkt seiner
militärischen Laufbahn forderte weniger bravourösen
Einsatz; Friederich gehörte zu der Handvoll von Offizieren und Soldaten, die 1809 den Papst Pius VII. im
Vatikan auszuheben hatten. Man beauftragte ihn, da die
Reise ja auch durch deutsches Land führte und seine
Sprachkunde ihn für solche Missionen empfahl, den
Bericht über die Aktion dem Kaiser zu überbringen. Im

Schlosse Schönbrunn erstattete er Meldung. Aber das Interesse Napoleons für den zwanzigjährigen Offizier entsprach nicht ganz dessen Erwartungen. Der Meister der Siege war damals das Idol des jungen Deutschen.

Er ist es nicht geblieben. Die Erinnerungen scheiden sehr dezidiert zwischen dem Feldherrntum und dem menschlichen, dem politischen Verhalten des Kaisers. In der Chronique scandaleuse des Hauses Bonaparte ist dieser junge Mann gut zu Hause, im ganzen jedoch sparsam mit Entrüstungen, die dem schweifenden Liebhaber ja auch schlecht zu Gesicht ständen. Bei den Bourbonen will er nicht dienen. Als 1814 Napoleons Herrschaft zu Ende gegangen, sucht er den Anschluß bei den Preußen. Und durch die Fürsprache der Prinzessin Wilhelm, einer Homburger Landgräfin, gelingt es ihm, in die Armee übernommen zu werden. Wird sie seinem Ehrgeiz die Leiter zum Aufstieg bereit halten? Ach nein, sie gibt ihm eine Kompanie in Kolberg. Das ist ein etwas herber Wechsel, von den Ionischen Inseln, die auch Expeditionen nach Albanien gesehen hatten, in den Garnisonsdienst der Ostsee-Festung überzusiedeln. Es dauert auch nicht lange, dann kommt er in disziplinarische Schwierigkeiten, kriegt Haftstrafen – er nimmt den Abschied. Was nun?

Durch all die Jahre hatte ihn die Bühnenleidenschaft begleitet. In allen Garnisonen arrangierte er Liebhabertheater, er schmeichelte sich, in Italien die erste Aufführung des Mozartschen »Don Juan« arrangiert zu haben – die Partitur der Oper begleitet ihn auf all seinen Wegen –, er hat Schillersche Stücke für solchen Zweck ins Italienische übertragen, und eine Zeitlang durfte er hoffen, bei Murat in Neapel die Intendantur zu erreichen. Auf solches Ziel steuert er jetzt los. Aber da kommt die Wendung von anderer Seite. In Magdeburg sitzt, in der Verbannung, der alte Carnot, der Organisator der levée en masse; er stirbt ja auch dort. Ihn hat Friederich noch besucht, und der Alte redet ihm zu, eine Geschichte dieser Zeit zu schreiben; was bis jetzt erschienen, sind ja fast nur Tendenzschriften; der französische Staatsmann nennt ihm die Quellen, die Gesichtspunkte. Das also wäre eine Aufgabe. Und in der Tat: er greift sie an.

Nicht als ob der verabschiedete, knapp dreißigjährige Offizier jetzt zum systematischen Historiker würde. Zunächst wirft er sich in die Publizistik, er wird ein wilder Zeitschriftengründer, in Frankfurt, bei Frankfurt, in Köln, Mainz, Mannheim, schließlich ein paar Jahre in Stuttgart – das Leben behält seine Buntheit, er treibt viel Theaterpolitik, er hat aber auch den Ehrgeiz, große Politik zu betreiben, nicht bloß die Frankfurter Dinge mit scharfer Feder zu kitzeln und zu reformieren, sondern auch den Kaiser auf St. Helena zu befreien. Napoleons Schwägerin Julie Marie, Josephs Frau, wohnt damals in Frankfurt: wenn man den Erinnerungen glauben darf, wird verhandelt und beraten, wie man die Sache anstellen könne. Ein englischer Lord scheint bereit, sie zu finanzieren. Der Plan, einen Luftballon zu verwenden, wird preisgegeben. Aber, so erfährt man, in Amerika wird ein versenkbares Boot konstruiert, das unbemerkt an die Küste des Eilandes heranfahren wird. Friederich soll es übernehmen, dort, als Kranker gelandet, das Nötige vorzubereiten. Die Bestechungsgelder liegen bereit, und hat er nicht schon einmal geholfen, Hudson Low, der seinerzeit die Engländer auf Capri befehligte, zu überrumpeln? Aber Napoleon zerschlägt das Projekt, das den Frankfurter Bürgersohn in die Weltgeschichte geschleudert hätte, indem er vorzeitig stirbt.

Wem das Agieren in der Weltgeschichte versagt ist, der resigniert, indem er sie schreibt. Sechsundzwanzig Bände, die man in Fortsetzungen beziehen kann, schreibt Friederich nieder, unter dem Namen C. Strahlheim gibt er sie heraus, und sie finden Tausende von Beziehern. Es ist der Ertrag eines eifrigen Kompilierens, überraschend unpersönlich. Aber über die weiteren Buchabsichten kommt er mit seinem Frankfurter Verleger zu ärgerlichen Prozessen; er ist selber kein guter Kaufmann – wie sollte er auch! Beim Stadtgericht bleibt er erfolglos; er fühlt sich als das Opfer seiner Reformer Mission, verfolgt, verfemt. Nun wird er sein Glück wieder in Frankreich suchen.

Es ist das Paris des Bürgerkönigtums, wo er 1842 Quartier nimmt; der Bonapartist von gestern findet Louis Philippe gar nicht so übel, und wenn nur der Thiers nicht so eitel und der Guizot nicht so stur gewesen wären, hätte es schon gehen können. Der Nachtrag der Memoiren, der bis 1845 reicht (und der sich durch die Abwesenheit der Liebesabenteuer auszeichnet), gibt ein ungemein farbiges Bild des Pariser Getriebes in Politik, Presse, Theater. Zu den radikalen deutschen Literaten, die sich damals in Paris fanden, hat er keine nähere Beziehung; ihre abstrakte Weltverbesserei, ihre sozialistische und kommunistische Agitation ist ihm ein Greuel. Denn er ist, vom Leben gewitzigt, im Grunde ein skeptischer Realist geworden. Alles Mystische, aber auch alles Metaphysische ist ihm unheimlich – o hätten doch die Deutschen nicht ihre neue Philosophie! Wie verstellen sie sich mit ihr den Weg zum Tun! Der Betrachter ist das Kind eines handfesten Rationalismus, auch wenn er sich der Spielarten der Romantik bedient.

Das geschieht in dem merkwürdigen Buche »Dämonische Fahrten«; ein junger Deutscher streift in Begleitung des Teufels durch diese Gegenwart, und da Friederich ein weltläufiger Mann ist, kann er zu vielen Gelegenheiten, und nicht bloß bei den Besuchen des heimatlichen Bodens seine Médisancen unterbringen. Die Einkleidung ist ja nicht ganz originell, aber ihre Verwendung für die kulturgeschichtliche Betrachtung ganz ertragreich. Das gilt vor allem für die weitsichtigen Aufschlüsse des Teufels, wenn er 1846 seinen Begleiter über hundert Jahre hinweg blicken läßt: da gehört etwa der ganze Norden Deutschlands zu Preußen, das Reich ruht auf fünf Staaten, und Straßburg, die französische Festung, ist eine – württembergische Stadt. Oder: das Spiel der technischen Phantasie, das im Konstruieren von Maschinen zwischen Spaß und Ernst spaziert. Dem Michel Stürmer wird es etwas zuviel vor dem Guckkasten; er springt auf. »Wärest du nur sitzen geblieben; das Schönste wäre noch gekommen.« »Und das wäre?« »Bewegliche Gemälde häuslicher und öffentlicher Szenen, die dich wahrhaft ergötzt haben würden, eine Erfindung des 20. Jahrhunderts.« Die Freunde technischer Prophezeiungen werden nicht ohne eine gewisse Respekterweisung vor der Fernsicht des Mannes lesen (das Beispiel ist gleichgültig), daß im Jahre 1946 eine »kaiserlich amerikanische Flotte« gegen Japan ausflog und daß die Hauptstadt Jedda (Tokio) durch einen Feuer-, Bomben- und Raketenregen, den die Flotte von tausend Fuß Höhe auf sie herabfallen ließ, in wenig Minuten vertilgt war.

Das Leben des Mannes verläuft sich von der Mitte der vierziger Jahre ins Ungenaue. Für diese Zeit sind nicht mehr die Prozeßakten des Frankfurter Stadtgerichts die Quelle, sondern die Geschäftsbriefe, die er mit dem endlich gewonnenen Verleger Osiander in Tübingen gewechselt hat. Es hat etwas Rührendes, daß von der frommen Neckarstadt aus der deutsche Casanova die biederen Menschen beunruhigen durfte. Friederich ist unermüdlich im Planen; er will noch »Infernalische Reisen« verfassen, er treibt sich jetzt viel

in London umher, politische Broschüren werden genannt über »den kommunistischen Ochsen und den
sozialistischen Esel«, er will, gleich in drei Sprachen,
einen »Faust des 19. Jahrhunderts« herausbringen, der
fertig vorliege, – man weiß nur: er hat sich in Le Havre
niedergelassen. Mühsam wurde festgestellt, daß er am
1. Mai 1858 dort starb. Sein Nachlaß ist irgendwohin
verweht.

Dorothea Lieven

Sie hat ihre Zeitgenossen ungemein beschäftigt und figuriert in zahllosen Memoiren und Briefsammlungen der napoleonischen Epoche; es gibt einige etwas ironische Charakteristiken über sie, aber die meisten sind warm und von den ungewöhnlichen Talenten der Frau beeindruckt. Bösartig ist eigentlich nur die von Chateaubriand, der ihr in seiner diplomatischen Laufbahn auch begegnete, doch wohl nicht nach seinen Erwartungen gewürdigt wurde. Die Urteile, ob sie eine hübsche Frau gewesen sei, gehen sehr auseinander; einig ist man nur, daß sie entsetzlich mager, von einer maigreur désésperante war. Sir Thomas Lawrence hat sie gezeichnet und gemalt: man mag nun in der Tat den Hals zu lang, die Ohren zu groß, die Nase zu anspruchsvoll finden und in dem Mund einen spottlustigen oder lasziven Zug entdecken. Die Stirne unter dem vollen kastanienbraunen Haar ist schön gewölbt, und die dunklen Augen blicken fest, freundlich und ausdrucksvoll. Die Unregelmäßigkeit der Teile wird durch die spürbare Bewegtheit eines geschlossenen starken Temperaments ausgeglichen. Es ist ein ganz unnaives, bewußtes

Gesicht, das Bild einer Frau, die mit ihren Siegen rechnet und auch in Niederlagen die Haltung der Dame von Welt bewahren wird.

Sie ist als Anmerkung in die Weltgeschichte eingegangen, weil sie die Geliebte zweier europäischer Staatsmänner gewesen ist, des Fürsten Metternich und später des französischen Ministerpräsidenten Guizot, sie war daneben aber auch, und dies doch in der Hauptsache, die Gemahlin des russischen Diplomaten, des Grafen und späteren Fürsten Lieven, dem sie fünf Söhne geboren und erzogen hat. Metternich nun hat noch mehr Geliebte besessen, und diese Verbindung wäre darum des sonderlichen Nachruhms kaum wert. Aber die Beziehung der beiden hatte zugleich einen politischen Charakter, und Europa wußte das.

Ihre Mutter, eine schwäbische Baronesse Schilling von Cannstatt, hatte als Hofdame jene württembergische Prinzessin nach Petersburg begleitet, die als Maria Feodorowna die Gattin des Großfürsten und späteren unseligen Zaren Paul wurde. Sie war dann mit dem baltischen Herrn von Benckendorff verheiratet worden, starb aber früh, und die Herrscherin nahm die Kinder der heimatlichen Genossin unter ihre besondere Obhut. Das war für den Start der jungen, im Dezember 1785 geborenen Dorothea sehr schicksalhaft: aus dem Smolny-Institut heraus, Katharinas Erziehungsanstalt für die Töchter des Adels, wurde sie mit knapp fünfzehn Jahren an Pauls damaligen Favoriten, den elf Jahre

älteren Generaladjutanten und zeitweiligen Kriegsminister Lieven verheiratet. Das verlief sehr unproble-
matisch, der Mann sah gut aus, Dorothea fühlte sich
glücklich und zufrieden. Lievens Mutter, einer offenbar
bedeutenden, unabhängigen und willensstarken Frau,
war die Erziehung der kaiserlichen Söhne anvertraut. So
kam in die Beziehung der jungen Frau zu den späteren
Zaren Alexander I. und Nikolai I. ein persönlicher Ton;
man wird ihn nicht familiär nennen können, aber er
besaß doch, bis es später zum Bruch kam, ein Element
unformeller Vertrautheit.

Lieven war im Winter 1800/01 leicht, aber hartnäckig
erkrankt. So ließ man ihn, zu seinem Glücke, beiseite,
als das Hofkomplott im März zur Ermordung des
wahnsinnigen Paul führte. Dorothea, noch ein halbes
Kind, hat später eine sehr anschauliche Schilderung der
Vorgänge niedergeschrieben: sie begriff, was gespielt
wurde. Alexander, obwohl er um die Verschwörung
wußte, hat deren Träger von sich fern gehalten; Lieven
wurde der Erbe der väterlichen Gunst, und das wurde
für die junge Frau etwas anstrengend und etwas langweilig. Denn die militärischen und höfischen Verpflichtungen nahmen ihm viel Zeit weg; daß sich die Kinder-
stube seit 1804 rasch füllte – ein Töchterchen starb ihr
freilich früh weg –, war für ihre Lebensneugier unvoll-
kommener Ersatz. Sie drängte den Gatten, vom Militär
zur Diplomatie zu wechseln. 1810 wurde er zum russischen Vertreter in Berlin bestellt. Aber die Berliner

Jahre blieben der Gräfin die Erfüllung schuldig: es war nach den Niederlagen für die Diplomatie eine grämliche Zeit, und das gesellige Leben lähmte bald der Tod der Königin Luise; daß man mit den Kindern in Charlottenburg nett spazieren konnte, genügte nicht recht. Zu dem geistigen Leben der Stadt gewann sie keine Beziehung.

Aber hatte sie danach überhaupt gesucht? Ihr Verhältnis zu den geistigen Dingen scheint mehr als problematisch gewesen zu sein. Die Memoirenschreiber rühmen wohl ihr ausgezeichnetes und durchgebildetes musikalisches Vermögen, versichern aber, daß sie nie ein Buch gelesen und daß ihr sachliches Wissen kaum das eines zehnjährigen Schülers übertroffen habe. »Sicher hat sie«, meint ein englischer Beobachter, »von Philipp oder Alexander nicht gewußt, wer von diesen beiden der Vater des andern war.« Ihr Mangel an Bildungsstoff, an sachlichen Kenntnissen, ihr Abscheu vor Büchern geht so sehr als eine Legende durch die Berichte, daß man fast vermuten darf, sie habe damit etwas kokettiert, diese Unbeschwertheit sei eine von ihren diplomatischen Masken gewesen. Denn daß es nicht ganz so arg gewesen sein kann, weiß man seit ein paar Jahren: wichtige Stücke ihres Nachlasses, zumal die Briefe an Metternich, sind erst 1936 zur Mitteilung frei geworden, und da ergibt sich, daß nicht nur der Staatskanzler sie erfolgreich auf dies oder jenes Buch aufmerksam gemacht hat, sondern daß sie zu den Dingen ganz gescheite Bemerkungen zu sagen wußte.

Dazu brauchte sie freilich das entsprechende Vis-à-vis, das reizte oder ein Echo gab – für sich allein war sie verloren. Sie konnte gar nichts mit sich selber anfangen, sie besaß als Todfeind die Langeweile, die ihr immer aufzulauern schien, zumal wenn sie auf Reisen war. Die Städte, die sie besuchte, bekommen ihre Zensur danach, ob darin jemand aufzutreiben war, mit dem sich amüsant plaudern ließ – welches Pech für Florenz, daß es dort nicht gelang! Für die Unterhaltung war sie nicht immer ganz wählerisch, aber immerhin: vor der Welt ließ sie sich nur mit jemand von Welt sehen. Schade, daß ihr Mann, der höflich, korrekt, als Beamter fleißig und zuverlässig, als Temperament gedämpft, als Geist durchschnittlich war, sich mit der Langeweile besser vertrug und mit den Pflichten es peinlicher nahm, als sie es tat – das konnte nicht gut ausgehen.

Aber es ging sehr lange sehr gut, man durfte nur die Einzeldinge nicht zu genau nehmen. Lieven erhielt 1812, als Petersburg die Lösung von Napoleon einleitete, den bislang unbesetzten Botschafterposten in London; daß er die damals wichtigste diplomatische Mission befriedigend ausfüllte, verdankte er seiner Frau, er war einsichtig genug, das selber zu merken, ehrgeizig und staatsloyal genug, um über die Mittel ein wenig hinwegzusehen, womit die junge Frau ihre Position eroberte und durch Jahrzehnte hielt. Bis es, zu ihrem verblüfften und grenzenlosen Erstaunen, dem unhöflichen Palmerston zu dumm wurde und er eine Gelegenheit schuf (1834), daß sie London verlasse. Und dabei hatte sie selber ein bißchen Schicksal mitgespielt, als er zum ersten Male Kabinettsmitglied wurde.

Der Hof von St. James, das war damals eine lautere und lustigere Angelegenheit als der lederne und konventionelle Betrieb in der Umgebung Friedrich Wilhelms III. Es fehlte nicht ganz am Unheimlichen – da lebte noch, halb vergessen, ein wahnsinniger König, der dritte Georg; seine Krankheit hatte früher öfters ausgesetzt, und dieser Zustand behielt etwas Bedrohliches. Aber im Vordergrund agierte der Prinzregent, der spätere Georg IV. – seine Hof- und Lebenshaltung war ziemlich wüst, seine Gattin trieb sich in Europa herum, bis er den Thron bestieg, er selber hatte seine Maitressenwirtschaft zu einem Stück Staatskonvention gemacht, die das werdende bürgerliche Element skandalisierte und den Ministern heillose Verlegenheiten bereitete. Unter diesen fehlte es nicht an Begabungen, doch das langjährige Kabinett des Lord Liverpool entbehrte eines Führerwillens; Wellington stand wohl immer mit seinem Kriegsruhm und seiner Loyalität für Verlegenheiten zur Verfügung: Castlereagh zerrieb seine Nerven in Ehrgeiz und Mißtrauen, bis zu dem Ende des schauerlichen Selbstmordes, George Canning wartete auf seinen glanzvollen Aufstieg, den ein früher Tod zerbrach; er schien freilich ein Eindringling in dem

Clan der alten Familien, und Dorothea Lieven betrachtete ihn hassend als einen Jakobiner.

Das war die Luft des Klatsches und der Intrigen, in die die siebenundzwanzigjährige Frau eintrat, und die sie mit ungeheurem Behagen atmete. Die gesellschaftliche Stellung bot ihr der Beruf des Mannes, aber es dauerte nicht lange, so bildete sie und nicht er die Mitte der russischen Botschaft, und sie wurde der Star der snobistischen Adelsklubs. Nach Napoleons Niederlage kamen die russischen Besuche in London. Hielt sich das alles noch mehr in dem Rahmen des Höfisch-Repräsentativen, so trug sie ihr Schicksal ins Politische, als sie 1818 ihren Gatten auf den Monarchen- und Diplomaten-Kongreß von Aachen begleitete. Dort begegnete sie Metternich; der schöne, überlegene Mann, er war damals 45 Jahre alt, hat sie rasch erobert. Die Beziehung blieb kein Geheimnis – der Sohn, den die Gräfin 1819 gebar, hieß in Europa das »Kongreß-Kind«. Doch Europa machte da einen Rechenfehler, und Metternich hat die Vaterschaft weder beanspruchen noch abstreiten können, sie stand terminmäßig nicht in Frage, der russische Botschafter hielt es für seine Berufspflicht, mit der Sache sich abzufinden, vielleicht daraus technisch Nutzen zu ziehen.

Dorothea ist mit ihrem Liebhaber nicht sehr oft und dann nur kurz beisammen gewesen: die Monarchen – und Diplomatenbegegnungen, die zum Stil der »heiligen Allianz« gehörten, schufen die Gelegenheit, 1821 in Hannover, 1822 bei dem Kongreß von Verona, auf dem Dorothea Lieven ihre gesellschaftlichen Triumphe feierte, aber doch auch die russischen Staatsmänner durch ihre Intimität mit dem Staatskanzler etwas mißtrauisch machte: der Versuch, die Versetzung ihres Mannes von London nach Wien zu erreichen, mißlang. Für die Liebenden war diese Trennung sehr mißlich – sie sind sich erst ein Vierteljahrhundert nach Verona wieder begegnet und unter sehr veränderten Verhältnissen –, für die Nachwelt, zum mindesten für ihre psychologische und historisch-politische Neugier, wurde sie zum Gewinn. Eine höchst intensive Briefschreiberei diente als Ersatz. Metternichs Briefe, wenn auch nur die aus den ersten Jahren, hat Jean Hanoteau aufgetrieben und 1909 in Paris publiziert; sie dienten später als Kernstück für die Studie von Professor Karl Groos über die »Psychologie der Eitelkeit«. Sie sind auch seltsam genug in ihrer über die Liebe räsonierenden Bewußtheit, völlig ich-bezogen; ob die späteren Briefe mehr ins sachliche Gebiet gingen, ist nicht zu sagen. Denn sie sind nicht bekannt. Aber man muß es fast vermuten. Denn die Schreiben der Dorothea Lieven, von ihr selber noch exzerpiert, sind nicht mehr und nicht weniger als sechs Jahre intimer englischer Chronik, und sie war sich über den Charakter dieser Korrespondenz selber klar: »Ich machte mein Testament«, schrieb sie am 9. November 1826, »aber ich werde noch nicht sterben. Übrigens: da ich von Testament spreche: ich beschwöre

Dich, mir meine Briefe in dem Deinen zu vermachen. Mich deucht, daß unsere Korrespondenz für einen Biographen unserer Zeitgeschichte von größtem Wert sein müßte. Meine Briefe sind eine getreue Wiedergabe alles dessen gewesen, was zu meiner Kenntnis gelangte, und in denen, die Du schriebst, finden viele Ereignisse ihre nähere Erklärung. Kurz, es will mir scheinen, daß unser Briefwechsel die Wirklichkeit weit klarer wiedergibt als alle Memoiren, die veröffentlicht werden mögen.«

Das war einer der letzten Briefe, die durch vertraute Hände von London nach Wien gingen – die innere Entfernung der beiden war schon geraume Zeit spürbar: Dorothea war durch Metternichs neue Ehe schockiert, und sie hatte in der aktuell gewordenen griechischen Frage die Position ihres Freundes verlassen, die russische Linie verfolgend und für den neuen Stern Englands, den früher so gehaßten Interventionisten Canning, optierend. Metternich hat jenes Testament nicht gemacht, das, vielleicht ein wenig naiv, mit dem früheren Sterben des Adressaten rechnete (Metternich hat die Fürstin zweieinhalb Jahre überlebt) –, er hat ihr die Briefe ein paar Monate nach dieser freundlichen Bitte zurückgesandt. Es war zwischen ihnen aus.

Man kennt diese Dokumente erst seit wenigen Jahren. Sie waren in den Revolutionswirren 1917/18 mit dem Lievenschen Archiv aus Lettland nach Deutschland geschmuggelt worden, gingen dann nach Brüssel weiter – Dorotheas Sohn hatte testamentarisch bestimmt, daß sie erst fünfzig Jahre nach seinem Tode frei werden sollten. Dieser Zeitpunkt trat 1936 ein. Englische Historiker konnten sie nutzen, Hyde für eine Biographie, Quennel für die Herausgabe – beide Werke hat der Steuben-Verlag deutsch vorgelegt. Sie machen das Bild der merkwürdigen Frau noch farbiger und ihre geschichtliche Stellung noch seltsamer: Metternich hat neben dem Grafen Esterhazy, der über diese Konkurrenz sehr wenig erfreut ist, eine zweite diplomatische Vertretung in London, die in der russischen Botschaft sitzt; dieser Frau aber legt ihr Gatte, eben der russische Botschafter, seine eigenen für Petersburg bestimmten Berichte vor, sie ergänzt, verbessert, schreibt sie dann auch wohl selber.

Über ihre Todfeindin, die Langeweile, hat sie jetzt nicht viel zu klagen, mehr über Ermüdungen in dem wirbeligen Betrieb, in dem sie selber als Motor wirkt. Sie ist bei Georg IV. persona grata, einer seiner Brüder möchte gern Metternichs Teilhaber werden, sie korrespondiert mit Wellington, sie spaziert mit Castlereagh und pflegt sorgsam dessen Einverständnis mit Wien, mit Petersburg, aber während sie so als eine Stütze des Torytums wirkt, pflegt sie doch auch die Verbindung zu den Whigs: rechnet man nicht eine Zeitlang damit, Georg IV. werde zu diesen hinüberwechseln? In dem Salon der Fürstin Lieven begegnen sich die politischen Gegner, vorausgesetzt freilich, daß sie zur society gehören: von dem, was sich in der Volkstiefe damals abspielt, merkt diese ausgezeichnete Beobachterin nichts. Die politische Welt ist für sie auf den Hof und die aristokratischen Coterien beschränkt – daß dort Korruption, Strebertum, Intrige sich mengen, macht für sie die Sache gewiß nicht anstößig, sondern nur amüsant. Die englische Politik der ersten nachnapoleonischen Jahre ist voll Zerfahrenheit und dazu würdelosen Geschichten ausgesetzt – der Ehescheidungsprozeß gegen die Königin Caroline –; mitten darin stehend, plaudernd, klatschend, Briefe schreibend, wird sie zur »diplomatischen Sibylle Europas«. Ob sie nur Sprachrohr war, der man die und die Dinge sagte, weil man wußte, daß sie und an wen sie weiter davon erzählen würde? Auch solches Sprachrohr zu sein, ist eine nicht unwichtige Funktion. Aber sie war mehr. Sie hatte Einfälle, Witterung, wenn nicht für Menschen, so doch für Macht – sie schließt sich Canning an, sie kommt in ein vertrautes Verhältnis zu dem Führer der Whigs, dem Viscount Grey, dem werdenden Mann der »Reformbill« von 1832. Es ist erstaunlich, wie diese Frau des fremden Diplomaten auch in die damals nicht abreißenden innenpolitischen Kabinettskrisen eingreift – sie hatte offenbar das überlegene Geschick, Takt und Taktlosigkeit, in der für diplomatische Zwecke gemäßen Art zu dosieren.

Der Bruch mit Metternich mußte wohl die internationale Bewertung ihres politischen Umtriebes beeinflussen. Aber in Petersburg blieb ihre Stellung außerordentlich stark, und man war dort geneigt, ihren Einfluß an der Themse, nach so guten Beweisen, zu überschätzen. Das zeigt sich 1834. Palmerston entsandte einen neuen Botschafter nach Petersburg, den der Zar nicht mochte – als die Fürstin das zu verhindern suchte, schuf er ein Fait accompli, und der erzürnte Zar Nikolaus, der das Agrement verweigerte, antwortete mit der Abberufung der Lieven; dem Botschafter gab er einen persönlichen Vertrauensbeweis, indem er ihm die Erziehung des Zarewitsch übertrug.

Dorothea war unglücklich – sie spürte die Entmachtung und durfte entrüstet lesen, daß der Minister auch in der Presse sagen ließ, man sei froh, sie los zu werden. Das, vermeinte sie, habe sie nicht verdient. Aber es war vielleicht doch an der Zeit, daß sie London verließ. Denn dort wuchs ein junges Mädchen von fünfzehn Jahren, das bald den englischen Thron besteigen und einen tiefen Wandel im höfischen Wesen einleiten sollte; in die viktorianische Epoche paßte die Fürstin Lieven nicht hinein. Das Stilgefühl der Geschichte hat sie vor deren Anbruch verabschiedet. Doch die Heimkehr nach Rußland quälte sie: à la suite der Prinzenerziehung, die ihrer Schwiegermutter so viel Anerkennung und Dankbarkeit eingetragen, fühlte sie ihre Talente verkümmern. Die Trostlosigkeit ihrer Lage, die sie trotz der günstigsten äußeren Verhältnisse empfand, verschärfte sich nun in der Tat durch das Unglück, daß sie rasch hintereinander 1835 ihre beiden jüngsten Söhne verlor. Sie brauchte Erholung, Zerstreuung, besseres Klima, sie verließ Rußland, um es nie wieder zu sehen.

Sie war jetzt eine Frau von fünfzig Jahren. In ihrem Vokabular fehlte das Wort Resignation – war jenes große Leben der Londoner Zeit verloren, so kam es auf den Versuch an, ein neues aufzubauen. Aber wo? In Baden-Baden traf sich wohl die Welt, und sie traf auch Dorothea Lieven – ein Durchgangsort gibt nicht die Möglichkeit, wieder Mitte zu werden.

Und darauf war der Sinn gestellt. Würde das in Paris möglich sein? Dort lebte noch Talleyrand, der natürlich auch zu ihren Freunden gehörte, es fehlte nicht an englischen Vertrauten. Aber der Zar Nikolaus war ungnädig, daß sie gerade nach Paris ging, einen Winter, einen zweiten, er ließ sie das wissen, der Fürst Lieven bat, dann befahl er Dorothea, sich wieder mit ihm zu vereinigen. Sie blieb in Frankreich. Damals konnten auch die Ärzte bestätigen, daß ihr die Reise gesundheitlich abzuraten sei: doch war es nicht das schlechte Befinden allein, das sie gegen den Zaren und den Gatten trotzig sein ließ. »Ärgerliche Gerüchte« gingen in der Heimat um, und diese täuschten sich nicht.

Das ungesicherte Frankreich des Louis Philippe war gewiß weniger langweilig als das sehr genormte Rußland des ersten Nikolaus. Zwar hatte die alte Aristokratie, zwischen der sich zu bewegen für Dorothea Lieven eigentlich allein zu leben hieß, ihre 1815 erneuerte Position nicht aufrechterhalten können. Sie war in Einzelstücken noch vorhanden und tätig, zwischen ihnen tauchten jüngere Leute von irgendwoher auf, begabt, ehrgeizig, sie waren gar nicht so uninteressant, sie sprachen gut und schrieben Bücher, ohne zu verlangen, daß man sie gelesen habe, sie hießen Thiers, Guizot, die Namen galten ihren Landsleuten etwas, auch Dorothea Lieven wollte diesen neuen Typus kennenlernen – so machte sie, ihrem Charme und ihrem Menschenfängertum vertrauend, wieder einen Salon auf. Das war etwas improvisiert, aber die Leute kamen, von der Rechten, von der Mitte. Da war keine Botschaft als Stütze, es sah nur so aus, als ob dieses Clearinghaus von Meinungen eine politische Institution sei oder werden könne. Aber Dorothea war vergnügt, daß es wenigstens so aussah. Und das übrige mochte man der Zukunft überlassen.

Diese Zukunft hielt für sie die große Liebe in Reserve, ihre Verbindung mit Guizot. Der war, zwei Jahre jünger, als sie sich kennenlernten, gerade Unterrichtsminister; es wird wohl Dorotheas Einfluß gewesen sein, der ihn zur Beschäftigung mit der Außenpolitik führte, die er, kurze Zeit Gesandter in London, seit 1840 leitete. Ernest Daudet hat dieser Beziehung ein ganzes, stoffreiches Buch gewidmet; durch die Dokumente waltet eine fürsorgliche Zärtlichkeit, ja Zartheit, und sie selber schreibt einmal ihrem Bruder, sie habe jetzt einen Mann kennengelernt, mit dem sie vorzugsweise über Religion spreche. Das hat sie vermutlich früher nie getan;

Guizot, ein Lutheraner, hat auch theologische Abhandlungen geschrieben.

Die Befehle ihres Gatten, zu ihm zu kommen, verhallten ohne Echo, und der Zar hatte dem Fürsten Lieven, der selber kränkelnd in Italien weilte, die Reise nach Frankreich untersagt. Die zwei noch lebenden Söhne waren um Vermittlung bemüht. Die prekäre Situation löste sich, als der Fürst, man könnte das fast taktvoll nennen, Anfang 1839 starb. Er hatte keine Bestimmungen hinterlassen; aber Dorothea kam doch in die Lage, von jetzt ab über tausend Pfund im Jahre zu verfügen. Sie machte den besten Gebrauch davon und mietete die stattliche Wohnung, aus der man kürzlich die Leiche ihres alten Gönners Talleyrand getragen hatte – die große Welt brauchte keine neue Adresse sich zu merken, wenn sie sich begegnen wollte.

Und sie kam, amüsierte sich, klatschte, sprach von Politik und machte Politik, die Leute von der Regierung waren da und auch die von der Opposition, es war fast wie ehedem in Harley Street, aber doch nur fast so. Denn die politische Aufgabe fehlte – mit dem offiziellen Rußland war sie zerfallen, ja sie fürchtete für die Laufbahn ihrer Söhne, und Frankreich interessierte sie nur insoweit, als es sich Guizots konservativer Linie unterwarf. Man frug sich, ob sie ihren Freund, der Witwer war, heiraten würde. Der Gedanke aber, sich von einer Fürstin Lieven in eine »Madame Guizot« zu verwandeln, war ihr unausdenkbar. In ihrem Salon erschien auch, wenn er nach Paris fuhr, was er so gern tat, Alexander von Humboldt aus Berlin, und er schrieb darüber mokante Notizen an seinen König. Aber in einem kleinen Brief, der, aus Berlin datiert, Friedrich Wilhelm IV. schnell Gerüchte und Neuigkeiten bringen soll, steht der Satz »Die Fürstin Lieven hat sich mit Gefahr in einer Citadine (Droschke) gerettet, man rief: ›Mort à la Lola de Mr. Guizot!‹« Dieser Zettel trägt das Datum des 28. Februar 1848.

Ein schlimmer Termin, dieser Februar. Solcher Dinge hatte sich Dorothea Lieven nicht versehen, weil sie von dem, was im »Volk« vorging, nichts wußte, auch wenn sie in London dereinst das beunruhigende Bild von Straßenaufläufen gesehen hatte. Wie konnte man sie mit der spanisch-irischen Abenteurerin von München vergleichen! Das war geschmacklos. In London wenigstens würde man so etwas wie Ruhe haben. Dorthin also floh sie, nachdem sie sich einige Tage verborgen hatte, dorthin floh Guizot, dorthin floh mit seiner dritten Frau, quer durch Deutschland, der Fürst Clemens Metternich, und im Herbst begegneten sie sich in Brighton, dem Platz ihrer ach so vergangenen Triumphe. Sie fand ihn – langweilig, wenn er von seiner Unfehlbarkeit sprach, doch hörte sie gerne zu, wenn er Geschichten über Napoleon erzählte. Ach, wie lange war das alles vorbei!

Und jetzt sollte bald ein neues Kapitel Napoleon beginnen. Sie war sich selber nicht gleich klar darüber, und man war sich auch in Paris nicht einig, wo sie Stellung beziehen werde – in Wiesbaden hatte ihr der bourbonische Prätendent, Graf von Chambord, 1850 seine Aufwartung gemacht. Aber der Legitimismus war vermutlich eine Sache für Leute mit Bekennerbedürfnis oder mit seelischer Gebundenheit – sie hielt es in der Politik mit den Machtentscheidungen, wenn diese einigermaßen urban ausfielen. Also hielt sie es bald mit dem Präsidenten, mit dem werdenden Kaiser Louis Napoleon. Und der ließ ihren Salon ungeschoren. Wieder mochten sich gefallene Leute und kommende Größen bei ihr treffen. Die Begegnung mit dem Kaiser selber blieb ein vorsichtig zurückhaltendes Spiel. Er hat ihr dann doch großen Kummer gemacht, da er den Krimkrieg betrieb und England mitzog – das war eine rechte Störung. Denn Petersburg befahl den russischen Untertanen, Frankreich zu verlassen. Sie fuhr nach Brüssel, hielt es dort aber nicht aus, und da es ihr gesundheitlich wieder schlechter ging, erwirkte sie, daß man sie wieder nach Paris ließ. Dort sei ihr Arzt, sie werde nicht lange bleiben – sie blieb dann doch und im Januar 1857 ist sie, nach heftiger Krankheit, gestorben.

Talleyrands geistreiche Nichte, die Herzogin von Sagan, die ein bißchen die jüngere Konkurrentin von Dorothea war, aber doch auch instinktives Verständnis für sie besaß, hatte es nie ganz verziehen, daß die Fürstin Lieven die Wohnräume ihres großen Onkels und Freundes zur Stätte der eigenen späten Ersatztriumphe gemacht hatte. Nun war sie auch im gleichen Zimmer wie jener gestorben, und zwar, wie die Berichte sagen, auf eine sehr anständige, gehaltene, fast heitere Art. Sie hat auch vorher das Abendmahl genommen, mit jener konventionellen Korrektheit, die ihr so spannungsreiches und im einzelnen exzentrisches Wesen eigentümlich begleitet hat. Guizot, zum zweiten Male vereinsamt, trauerte tief. Was Metternich bewegte, weiß man nicht. Ihm hatte sie einmal im Hochgefühl geschrieben: »Für uns beide, Sie und mich, würde es schwer sein, in der ganzen Welt Leute unseres Schlages zu finden. Unsere Herzen passen gut zusammen, und unser Denken ebenfalls, und unsere Briefe sind sehr erfreulich … Sie werden keine Bessere finden als mich. Wenn Sie einen Besseren finden als sich selbst, dann zeigen Sie ihn mir.«

Inzwischen hatte eine Welt sich geändert, die Kräfte und die Methoden der Politik, in denen eine tiefe und nicht bloß spielerische Leidenschaft sich genährt und verzehrt hatte, waren von Grund aus gewandelt. Doch das Leben und Sein dieser Frau blieb als wunderlicher Zierat der Zeit dem späteren Bewußtsein unverloren.

Der Räpple

Das hat es im Schwäbischen oft genug gegeben, daß Pfarrer und Kirchenleitung den Gläubigen nicht fromm genug waren; sie suchten und fanden dann die Gewißheit im engeren Kreise. Dazu gehörte auch der Weber Georg Rapp in Iptingen. Im Jahre 1785 verzichtete er auf den Kirchenbesuch und begann in seiner Wohnung Andachten zu halten. Das richtete sich nicht eigentlich gegen den Ortsgeistlichen. »Der Pfarrer«, so gab er zwei Jahre später auf dem Oberamt zu Protokoll, »predige für andere gut, aber für ihn nicht tief genug; er mache ihm den Weg zur Seligkeit nicht schmal genug.« Das klingt nach Askese. Aber in dem jungen Menschen (er war 1757 geboren) muß mehr ein herrscherliches Selbstgefühl gesteckt haben. Seine Theologie, wenn man von ihr sprechen will, war durch das Lesen Jakob Böhmes gefärbt und stand im Widerspruch zu der rationalistischen Nüchternheit der politischen Kirche; das Beispiel des frommen Laienpredigers Michael Hahn hatte in einer persönlichen Berührung auf ihn gewirkt. »Mit majestätischen Worten«, so schreibt der Schulmeister Kolb in Dagersheim, der später Hahns Gemeinschaft leitete, in einem »starken feurigen Geist« habe Rapp gesprochen; aber er habe »nur von den Herrlichkeiten und großen Aussichten der Christen geredet, ohne auch zugleich den Demutsweg zu zeigen, der dazu führt.« Die »Michelaner« blieben im Raum der Kirche, Rapp strebte aus ihr hinaus. Seine Anhänger hießen ihn vertraulich »den Räpple«, er selber duzte alle – das klingt ganz behaglich. Aber was sich da entwickelte, war keine beschauliche Idylle, sondern helle Opposition: das »ausgezogene Leibkorps des Heilands« nannte Rapp die Gefolgschaft, die sich um ihn sammelte, die sich zu ihm bekannte, wenn er, offenbar rednerisch sehr begabt, im württembergischen Unterland auftrat: die Kirchenzucht war ihm zu locker, die Verwaltung der Sakramente in falscher Ordnung; er verwarf die kirchliche Taufe, ersetzte das Abendmahl durch gemeinsame Liebesmahle, mißachtete die bürgerliche Sonntagsheiligung. Natürlich kam es nicht nur mit der kirchlichen, sondern auch mit der staatlichen Obrigkeit zu Schwierigkeiten.

Denn die Zeit war unruhig genug. Die Ereignisse in Frankreich hatten die Gemüter getroffen und die schlummernden chiliastischen Erwartungen aufgeweckt. Nahte das Ende der Tage? Man las in der Offenbarung Johannis und stieß dort im neunten Kapitel auf einen König, den »Engel des Abgrundes«: »und auf Griechisch hat er den Namen Apollyon« – die religiöse Etymologie erkannte darin Napoleon. Aber hier als Antichrist gedeutet, wurde er später anderen, und gerade solchen aus Rapps Umgebung, zum Sendboten Gottes und Schutzherrn der Separation. Sie schrieben nach Paris, an Bonaparte, erhielten aber zu ihrem Bedauern keine Antwort. Die Verwirrung war groß. Die Gesamtlage spiegelt sich in den staatlichen Reskripten vom Dezember 1803, die den ruhigen Separatisten den Eid erließen, er durfte durch Handschlag ersetzt werden; ein Zwang zum Besuch von Kirche und Abendmahl, zur Konfirmation sollte nicht ausgesprochen werden. Nur die Taufe durch einen ordinierten Geistlichen wurde gefordert, ebenso der allgemeine Schulzwang aufrechterhalten und lärmende Arbeit während der gottesdienstlichen Stunden streng verboten. Das war im ganzen vorsichtig und milde; den Renitenten freilich wurde harte Strafe angedroht.

Als diese Verordnung erschien, hatte Rapp bereits den Versuch eingeleitet, aus den ewigen Scherereien herauszukommen. Daß man ihn einmal in den Turm gesteckt hatte, focht ihn wenig an. Die Zitationen vor das Dekanat oder das Oberamt gaben Gelegenheit trotziger Bewährung. Auf die Bedrohung mit der Landesverweisung hatte er geantwortet, da müsse man gleich drei- bis viertausend ausweisen; bei einem späteren Verhör meinte er, zehn bis zwölftausend im Lande hingen ihm an. Man kam zu ihm, man rief ihn – die Phantasie des Erfolges und des Sendungsgefühles addierte die Summen. Aber ein paar hundert Leute hatte er hinter sich, über Dörfer des Unterlandes zerstreut, die mit Bibelworten ausgerüstet der geistlichen und weltlichen Obrigkeit das Leben sauer machten. Was nach Rebellion aussah, war im letzten religiöser Hunger, der sich im Anstaltsmäßigen der Kirche nicht gesättigt fühlte und von den weltlichen Zwangsordnungen mit innerer Freiheit, der auch Hochmut beigemischt war, gering dachte. Das mit Napoleon war offenbar auch nichts. Rapp fuhr 1803 nach Amerika: dort würde sich kein Herzog und kein Konsistorium um das Seelenheil der Seinigen kümmern.In Württemberg war man froh, ihn los zu werden; die Auswanderer durften Hab und Gut mitnehmen; etwa fünfzig Familien, wohlhabende und ganz arme, im ganzen an siebenhundert Köpfe, folgten Rapp, als er, von seiner Erkundung zurückgekehrt, mitteilen konnte, daß er am Großen Conaquenessing etwa sechstausend Morgen zu drei Dollar erworben habe.

Dort also, in noch unerschlossener Gegend, beginnt er zu siedeln: die Gemeinde heißt Harmony. Zu ihrem Träger macht er den Vertrag vom 15. Februar 1805: alle Mitglieder übergeben ihren Besitz zu Händen des Vorstehers, damit, ohne Rücksicht auf individuelles Vermögen, das Notwendige beschafft oder veranlaßt werden konnte; die Urkunde enthielt die Einzeleinlagen verzeichnet, die beim Ausscheiden, doch ohne Verzinsung, zurückerstattet werden sollten. Mit den Grunderwerbskosten zusammengerechnet war ein Anfangskapital von zwanzigtausend Dollar beisammen.

Man muß, ist man auf amerikanischem Boden, mit Geldwerten rechnen, auch wenn man hinüberfuhr, um mit gesicherter Seele das Reich Gottes zu erwarten; als Rapp 1815 seine Gründung verkaufte, erlöste die Gesellschaft hunderttausend Dollar, der Wert an Vieh, Getreide, fahrender Habe, die bei der Weiterwanderung mitgenommen wurden, betrug über vierzigtausend Dollar. In zehn Jahren hatte sich die Anlage mehr als versiebenfacht.

Es ist ein erstaunlicher Vorgang, wie diese Figur aus der Historie der schwäbischen Sektierer in die Frühgeschichte des amerikanischen Unternehmertums hinüberwechselt. Er muß ein ganz ungewöhnliches Organisationstalent besessen haben, wobei ihn sein Adoptivsohn Friedrich (Reichert) unterstützte, ein Maurer, dessen baumeisterliches Geschick die späteren Besucher lobten. Sein unverwüstliches Kapital war die Anspruchslosigkeit und der unverdrossene Arbeitseifer dieser schwäbischen Bauern und Handwerker: aber er selber besaß geschäftlichen Wagemut, 1807 stand schon eine Sägemühle, 1810 eine Wollspinnmaschine, eine Weberei im Betrieb – wollte er denn Schätze dieser Welt sammeln, und für wen? Das geht sehr merkwürdig durcheinander und ist in den psychologischen Motiven nicht ganz durchsichtig. Die zeitgenössischen Quellen sind im Urteil voll harter Gegensätzlichkeit: neben der Bewunderung für den Mann und die Leistung gibt es das bitterböse Pamphlet eines ehemaligen An-

hängers aus dem Jahre 1833, in dem von der »gottes-
lästerlichen Arroganz dieses gefühllosen hochmütigen
Mystikers« die Rede ist, von der Entwürdigung der
Religion »zum niedrigen Vehikel schmutziger Finanz-
spekulation«.

Was Rapp zu verwirklichen glaubte oder als Ziel seiner Gefolgschaft darstellte, war die Wirtschaftsverfas-
sung der christlichen Urgemeinde: »auch keiner sagete
von seinen Gütern, daß sie sein wären, sondern es war
ihnen alles gemein«. Dies Wort der Apostelgeschichte
war ihm ideelles Fundament. Rapp ist mit seinem Versuch eines christlichen Gemeindekommunismus in die
Vorgeschichte des amerikanischen Sozialismus geraten.
Er nimmt sich dort, etwa in der Würdigung durch dessen marxistischen Historiker Morris Hillquit, ziemlich
seltsam aus. Denn ohne das religiöse Motiv und die
Mächtigkeit des geistlichen Dauertrainings war das
Experiment gar nicht durchführbar. Das sollte sich in
der Mitte der zwanziger Jahre erweisen, und jetzt
blickte die ganze Welt auf den Versuch. Er hing dabei
nicht mehr an dem Namen von Rapp. Es handelte sich
um die 1815 weiter westlich in Indiana gegründete
zweite Rappsche Siedlung: New Harmony – nun waren
fünfundzwanzigtausend Morgen erworben worden,
die Stadt regulär angelegt, ein großes Dampfwerk, das
allein fünfundzwanzigtausend Dollar gekostet hatte,
betrieb Mühle, Sägwerk, Schleifmaschine, Spinnerei
und Weberei; der Wein- und Obstbau wurde gepflegt.

Die »sozialistische« Ordnung konnte straffer durchgeführt werden: unentgeltliche Lieferung von Nahrung, Kleidung, Schuhen; einheitlicher Verkauf des Überschusses, aus dessen Erlös der Bedarf an Eisen, Stahl, Geräten, Papier, Farbstoffen gedeckt wurde. Ein Gasthaus, ein Kaufhaus und eine große Kundenmühle standen auch den nicht zur Gemeinde gehörigen Nachbarn zur Verfügung. Die Entwicklung war an sich befriedigend. Das Klima hatte zunächst Opfer gekostet, doch war 1817 von der Heimat Nachschub gekommen. Und nun entschließt sich Rapp zum zweitenmal zum Verkauf: zweihunderttausend Dollar für die liegende Habe; das restliche Vermögen wurde auf dreihunderttausend Dollar geschätzt. Angeblich wollte er nach Jerusalem, um dort Christi Wiederkunft zu erwarten. Aber er blieb in Amerika. Gerade in jener Zeit, da die alte Siedlung noch nicht verlassen, die neue im Aufbau war, besuchte ein Landsmann von Ruf die Schwaben. Friedrich List hatte 1825 den amerikanischen Boden betreten und im gleichen Jahr noch die Rappisten besucht: »Guten Abend, guten Abend, woher die Reise? Vom Asperg. Wirklich. Ich gebe meinen Namen an. Die Leute freuen sich und empfangen mich herzlich … « William Notz bringt in seiner Studie über List in Amerika die paar Seiten Tagebuchvermerke des Besuchers. Das Religiöse oder Theologische interessiert den gar nicht. Aber er ist voll Anerkennung für die rationelle Anlage, die Sauberkeit, den rasch gewachsenen Wohlstand und gibt in sei-

ner knappen sinnenhaften Art die Elemente der Sozialordnung. Er verspürt natürlich auch die Voraussetzung
des Gelingens, den Fleiß und die Anspruchslosigkeit
der schwäbischen Bauern. Auf den Nachfolger blickend,
urteilt er: »Ob Owens Plan gelingen wird? Verschie-
denartige Elemente, Motiv der Vereinigung. Elemente
scheinen nicht die besten.« Durch eben den Käufer tritt
New Harmony in die Beachtung der an dem neuen
Problem interessierten Welt. Es ist der bereits durch
seine Versuche und Schriften berühmte schottische Industrielle und quasi-sozialistische Philanthrop Robert
Owen. Rapps Schöpfung soll ihm die Basis sein, von der
aus das Modell einer besseren Menschenordnung entwickelt werden kann: das trägt er auch in Washington
einer interessierten Versammlung vor; der Präsident der
Staaten ist unter den Zuhörern. Ein Aufruf an »die Flei-
ßigen und Wohlgesinnten aller Völker« wirbt um die
Mitarbeit an dem segensreichen und zukunftsvollen
Beispiel. Achthundert kommen, gewiß auch »Wohl-
gesinnte«, es sind Namen darunter, die von der amerikanischen Wissenschaft mit Ruhm genannt werden. Ob
der Fleiß den bunten Haufen auszeichnete? Der humani-
täre Optimismus Owens war ein Wagnis eingegangen,
dem die Einsicht, Willigkeit, Führbarkeit der Men-
schennatur offenkundig nicht entsprach. Es dauerte
zwei Jahre und der Versuch verkrachte; sein Historiker
notiert, daß in dieser Frist nicht weniger als sieben Re-
gierungsformen (erfolglos) ausprobiert wurden.

Ein deutscher Fürst, Prinz Bernhard zu Sachsen Weimar, hat gerade 1827 Nordamerika bereist und darüber ein dickleibiges Buch veröffentlicht: er kam, ein wacher Beobachter, zu Owen, als dort die Krisenhaftigkeit bereits zu spüren war, und besuchte dann auch die Schwaben, die eben in einer neuen Entfaltung standen. Rapp hatte sie wieder in die Nähe der ersten Stätte zurückgeführt, in die Gegend von Pittsburg; dort schien dem nun geschäftlich geschulten Auge Rapps die Verkehrslage günstiger. Diese Siedlung taufte er geradezu »Economy«. Der Name war jedoch nicht wirtschaftlich gemeint, sondern eschatologisch: Bekenntnis zu der Ökonomie des heiligen Geistes. Rapps Macht war inzwischen noch gewachsen. 1820 hatte er, am Bundestag, jenem 15. Februar, erreicht, daß die Mitglieder ihrer verbrieften Einlagen völlig entsagten; jener Vertrag von 1805 wurde zerrissen und verbrannt, keiner wollte mehr wissen, was einmal sein Anteil gewesen; der ganze Besitz wurde auf Rapp und seinen Adoptivsohn eingetragen, der die Vertretung der Gemeinschaft nach außen wahrnahm. Dies, die Einfügung der Gruppe in den Rahmen der Umgebung, stellte ja bei aller lockeren Staatlichkeit jener amerikanischen Zeitläufe mancherlei Fragen. Rapp verwehrte, um die Geschlossenheit der Gruppe zu erhalten, das Erlernen der englischen Sprache, das freie Reisen; auch war mit dem großen Bann, der Ausstoßung, bedroht, wer einen Bruder vor einem weltlichen Gericht belangen würde.

Das Ineinander von weltlicher und geistiger Führung charakterisiert dies wahrhaft theokratische Regiment. Der Präzeptor Deininger in Vaihingen hat das 1833 durch seine Streitschrift so ausgedrückt: »Kurz, er war im Leiblichen ihr despotischer Fürst und im Geistigen ihr Papst.« Und hinzugefügt: »Es ist wahr, die Economisten haben keine Nahrungssorgen, aber sie haben auch keine Lebensfreude.« Sie warteten und freuten sich auf den Tag der Erfüllung. Und Rapp war von seiner Prophetenrolle so durchdrungen – war es ein Element religiösen Größenwahns? –, daß er es wagte, aus der Apokalypse die Wiederkunft des Herrn terminmäßig anzukündigen. Der »Schwabenvater« Bengel hatte dafür dereinst das Jahr 1836 errechnet, Rapp deutete seine Gemeinschaft als das in die Wüste geflüchtete Weib der Offenbarung 12,11. Dreieinhalb »Zeiten«, diese zu sieben Jahren genommen – nach deren Ende werde der Herr erscheinen; er ging aus von dem Stiftungstag des 15. Februar 1805 und kam so auf den 29. August 1829. Die Erwartung gab ihm auch die Kraft, die Ehelosigkeit als den dem Apostel wohlgefälligen Stand zu proklamieren; das war die folgenreichste Entscheidung, die ja auch in der Auffassung des Michael Hahn ihre Stütze hatte.

Der kritische Tag kam. Jesus erschien nicht, aber ein Brief aus Frankfurt a. M. Den schrieb »im Auftrage des Gesandten und Gesalbten Gottes« der Bibliothekar Dr. Gäntjen und kündigte an, daß demnächst sein Herr mit seinen Anhängern eintreffen werde. Daß sich die chiliastische Erfüllung des Thurn und Taxisschen Postamtes bedienen würde, mochte erstaunlich sein. Aber im Augenblick erleichterte der Vorgang die Lage. In den erschütterten religiösen Enthusiasmus mischte sich nun freilich ein sehr weltliches Satyrspiel. Vermutlich hat die anmutige und warme Schilderung, die der Weimarer Prinz Bernhard veröffentlicht hatte, einem offenkundigen Schwindler, der, ungenauer Herkunft, damals in Offenbach saß, den Mund wässerig gemacht. Dieser, der von Hause aus Bernhard Müller und jetzt eben Proli hieß, verwandelte sich auf der Überfahrt in einen Grafen Leon; hoch zu Roß, mit Schwert und Musik, hielt er am 18. Oktober 1831 in Economy seinen Einzug. Rapp war Menschenkenner genug, um nach wenigen Tagen zu merken, welcher Art dieser Gesandte des Himmels war – nicht einmal seine Depots in New York, von denen er erzählte, waren realisierbar. Aber nun war der Gegenspieler da, wortgewandt, von sicherem Auftreten; er machte sich zum Anwalt verdrängter Bedürfnisse nach mehr Lebensgenuß, und, da er eingeladen worden sei, lehnte er Rapps Aufforderung, Economy zu verlassen, ab. Dem Autokraten blieb nur der Weg zur »Volksmeinung«, die sich in die »Rappischen« und die »Gräfischen« gespalten hatte. Fünfhundert hielten sich bei der Abstimmung an die alte Ordnung, einhundertachtundsiebzig folgten dem Verführer. Die Bibel hatte auch dafür eine Erklärung: »Der Schwanz des Drachen zog den dritten Teil der Sterne und warf sie zur Erde« (Offenb. 12, 4). Aber die Sache forderte auch eine weltliche Ansicht. Die Abtrünnigen hatten sich ihres Vermögens begeben. Fürchteten sie nach dem Abfall noch den Weg zu den weltlichen Gerichten und den großen Bann? Rapp mußte sich zu einer Abfindung von hundertfünftausend Dollar verstehen. Das mag ihm nicht leichtgefallen sein. Denn er war nach schwäbischer Art haushälterisch, oder, wie es in jener polemischen Schrift recht nett heißt: »er läßt sich eher bereden, einige Morgen vom Paradies zu verschenken, wenn auch von der besten Lage, als einem Armen einige Groschen mitzuteilen«.

Das ist die Stimme eines Enttäuschten. Über die Zustände in Economy sind eine Reihe von zeitgenössischen Berichten aufzutreiben: neben den Mitteilungen des sächsischen Prinzen eine Artikelserie in dem Stuttgarter »Beobachter« von 1837, überraschend freundlich, und dann, wieder zehn Jahre später, die Schilderungen des jungen Franz Löher, der sich später, als Leiter des bayrischen Staatsarchivs, einen geachteten Namen als Historiker schuf. Zu den Gästen Rapps gehörte auch, im Winter 1832/33, Nikolaus Lenau, der von Economy aus seine amerikanischen Pläne betreiben wollte; es ist charakteristisch, daß es ihn bei dem etwas vagen Unternehmen wieder in die schwäbische Umgebung zog; er selber scheint dort in einer freundlicheren Erinnerung geblieben zu sein, als er sie selber später hegte.

Der Räpple hatte sich inzwischen zu einem Vater Rapp verwandelt, der, nach dem Ausscheiden der unruhigen Elemente, ein ungefährdetes Regiment führte. Die kommunistischen Grundlagen der Sozialordnung blieben – freilich erfuhren sie insofern eine Verschiebung, als mit der Ehelosigkeit der eigene Nachwuchs ausblieb und fremde Arbeitskräfte eingestellt werden mußten. Aber da war die riesige Arbeit der dritten Siedlung schon bewältigt. Sie scheint von vornherein mit dem größten rationellen Willen angelegt worden zu sein. Der Bericht des Jahres 1837 spricht sogar von einer Fernheizung. »Auch gefällt sehr, daß an allen Maschinen Becher mit frischen, wohlriechenden Blumen stehen. Die herrschende Reinlichkeit ist jedenfalls in jeder Hinsicht sehr zu loben.« Die Ordnung ist die alte geblieben: »Vögte« für die einzelnen Arbeitsdisziplinen, Feldbau, Tuchmacherei, Lederherstellung – gerühmt wird der Whisky, den man aber nach eigener Abrede nicht selber trinkt, sondern gut verkauft. Der Wein wird nicht verachtet. Aber das Rauchen als eine Erfindung des Teufels ist streng verpönt. Die Polemik gegen Rapp meint, er habe den Ort deshalb mehrfach gewechselt, um die Leute aus der Schinderei des Urbarmachens und neuen Beginnens nicht herauskommen zu lassen. Doch scheint das abwegig. Arbeitsamkeit war diesem schwäbischen Typus angeboren; neidlos, vielleicht mit einem leichten Stolz, waren sie damit einverstanden, daß Rapp selber in einem zweistöckigen schmucken Steinhaus wohnte: »es ward mit schönem Papier aus Philadelphia austapeziert«. Der temperamentvolle Rebell von ehedem reifte zum milden Patriarchen; seine Autorität ruhte auf der Kraft der eindringlichen Rede. Dreimal in der Woche predigte er. Er nahm auch die Beichte ab und blieb so mit den Seelenregungen und privaten Geschehnissen der Gemeinschaft vertraut. Die Berichte rühmen den Geschmack, in dem der Tempel errichtet war, die gärtnerische Anlage, die Musikpflege – die geistlichen Lieder wurden, wie bei den Pregizerianern teilweise nach profanen Melodien gesungen. Der Unterschied zur alten Kirche sollte markiert bleiben. Das »harmonistische Gesangbuch« vermied deshalb auch die klassischen Choraltexte. Rapp war selber mit um den Ersatz bemüht. Die Proben, die davon überkommen sind, wirken freilich beängstigend – banale Verse neben theosophischem Kauderwelsch.

Rapp ist, fast neunzigjährig, am 7. August 1847 gestorben. Seine Ruhestätte erhielt so wenig wie eine der andern Brüder ein Mal; die Gedanken der Zurückbleibenden sollten nicht an einem Stück Erde haften. Die Nachfolge übernahm ein Mann namens R. Barker, später ein deutscher Lehrer Jakob Henrici. Der Iptinger Pfarrer Rauscher, der 1885 eine (sehr kritische) Studie über das entlaufene Pfarrkind seines alten Amtsvorgängers schrieb, ließ sich von drüben berichten, die ganze einst so blühende Niederlassung, in der manche Wohnungen verödet standen, in der noch siebzig Leute zwischen siebzig und neunzig Jahren wohnten, mute jetzt an »wie der Kirchhof eines bedeutenden Mannes«. Das Vermögen der schrumpfenden Gemeinschaft wurde auf zehn bis zwölf Millionen geschätzt. Auf die Frage, so berichtet Karl Knortz noch 1892, was daraus werden solle, habe man die gleiche Antwort erhalten: »Was liegt uns daran, wer unser Vermögen bekommt, wenn wir im Himmel sind.« Und das merkwürdige Abenteuer in Christo mußte als Rest seiner hinsterbenden Geschichte einen Schweif zäher Erbschaftsprozesse nach sich ziehen.

Jakob Philipp Fallmerayer

der »Fragmentist«

Friedrich Hebbel hat 1862 die »Gesammelten Werke« des im Jahr zuvor verstorbenen Fragmentisten in einem großen Essai angezeigt, der mit dem lapidaren Satz beginnt: »Fallmerayer gehört ins goldene Buch der Literatur.« »Wer von Fallmerayer«, heißt es weiterhin, »auch nur einen Artikel liest, ganz einerlei, welchen und worüber, der hat es mit ihm selbst zu tun, mit seinem ganzen, kernhaften, geharnischten Ich, das sogleich, wie ein angerührter Polyp, tausend elastische Arme ausstreckt und sein Opfer festhält.« Es sei gleichgültig, ob seine Gedanken und Meinungen schief oder verkehrt seien, seine Bedeutung, meint der Betrachter, würde dadurch keineswegs verlieren: »denn er ist eine der wenigen echt dramatischen Personen der Literatur, er gehört, so groß die Unterschiede der Naturen und Richtungen sonst auch sein mögen, in diesem Hauptpunkt mit Luther, Hamann und Lessing in dieselbe Reihe und kann darum ebensowenig wie diese einem gemeinen Gelehrtenschicksale verfallen. Das will heißen, daß Fallmerayer, wenn er sich überhaupt regt, immer seinen ganzen Menschen einsetzt und daß also dieser ganze

Mensch auch immer übrig bleibt, mag er nun im einzelnen Fall recht oder unrecht haben, viel oder wenig erbeuten und im Schnappsack nach Hause bringen.«

Man weiß, der dies schrieb, verfuhr im ganzen mit seinen Lobesworten recht haushälterisch. Es ist deshalb lehrreich, an die Würdigung durch Hebbel zu erinnern. Denn sie gibt das Maß der Wirkung, die Fallmerayer auf seine Zeitgenossen ausübte. Heute ist sein Name fast ganz vergessen, die Literaturgeschichten widmen ihm vielleicht ein, zwei Zeilen – die Nachwelt meint es mit den Publizisten selten anders, wenn nicht hinter ihrer Arbeit eine Leistung und ein Schicksal stehen wie etwa das des Friedrich List. Nun fehlt gewiß in dem Leben des Tiroler Bauernbuben nicht die bewegte Kurve eines Hin und Her, man will nicht recht sagen des Auf und Ab, er hat seine Abenteuer, seine Triumphe und seine Enttäuschungen – der Ausgang des Lebens verrieselt, ohne daß ihm noch wichtige Aufgaben gestellt waren, ohne daß er sie sich selber noch stellte. Ja, hätte er sein Leben selbst noch mit all den Begegnungen beschrieben, wie es im Plane stand, das wäre wohl ein farbiges und bleibendes Menschen – und Zeitporträt geworden!

Seinen Ruhm verdankte er den »Fragmenten aus dem Orient« – was Hammer-Purgstall, was Prokesch an gelehrtem Wissen zusammentrugen, blieb doch nur im Reich der Wissenschaft. Der Weltfahrer Fallmerayer aber gab erlebte Gegenwärtigkeit, und da in der nachnapoleonischen Zeit auf dem Balkan und im Vorderen Orient allerhand los war, Konstituierung des Königreichs der Hellenen, Mohamed Alis Kampf gegen den Sultan, ließ man sich von einem Manne, der sich durch Jahre dort herumtrieb und den es immer wieder südöstlich zog, gerne belehren. Er hat allerhand Nachfolger gehabt, in den Orient zu reisen mit seinen politischen und kulturellen Ungewißheiten und davon dann zu erzählen, wurde fast etwas wie eine Biedermeiermode – auch der junge F. W. Hackländer produzierte als Reisebegleiter ein paar Orientbücher. Fallmerayer blieb die unerreichte Autorität, weil ihn der Ruf seiner wissenschaftlichen Vorleistung begleitete, weil er sprachenkundig war wie wenige und alle »Konkurrenten« an belebter und belebender Sprachkraft weit übertraf.

Das Jugendschicksal hebt an wie ein liebenswürdiger Novellenstoff: Ein zehnjähriger Bauernbub, die Eltern kleine Leute mit neun Kindern, hütet in den Bergen über der Eisack Ziegen und Kühe; in der Dorfschule von Tschötsch hat er das Lesen gelernt, und da sein Kopf hungrig ist, lernt er da oben auf der Alm aus dem Bauernkalender, dem einzigen Bildungsgut der Eltern, der Reihe nach die Kalenderheiligen auswendig. Er kann sie noch als Erwachsener aufsagen. Als 1801 die Familie in das nahe Brixen übersiedelt – der Knabe ist elf Jahre alt –, merken die geistlichen Herren, die die Schule betreuen, was an Lerneifer und Begabung in dem Jakob steckt, und er wird ins Gymnasium aufgenommen – seine Gönner sind nicht enttäuscht, in so ziemlich allen Fächern ist er der erste. 1809 ging er als Studierender der Theologie nach Salzburg, Stipendien, Erteilung von Privatstunden halfen über die Nöte weg. Aber nach zwei Jahren kann er sich doch nicht zum Priestertum entschließen; gerade einige der geistlichen Herren hatten den historischen, den linguistischen Sinn bei ihm geweckt und das Theologische verdrängt. Aber was nun? Die Wanderung führte an die bayrische Universität Landshut – Brixen und Salzburg sind ja damals bayrisch – und Fallmerayer begann, etwas überraschend, mit der Jurisprudenz. Aber es wurde nicht viel daraus. Schließlich enthob ihn 1813 das Weltgeschehen der Verlegenheit – als Bayern sich der Koalition gegen Napoleon anschloß, ging er zu den Soldaten. Das Wort mag schon stimmen, das ein junger Brixener Freund später niederschrieb, daß er bei einem Besuch in der Heimat damals erzählte, er wolle »Marschall« werden. An frohgemutem Selbstgefühl fehlte es ihm so wenig wie an zugreifender Tapferkeit – der Secondeleutnant Fallmerayer wurde gleich nach der ersten Schlacht, der von Hanau, wegen seines Verhaltens öffentlich vor der Front belobt. In den Winterschlachten hielt er sich weiter wacker, wurde 1815 in den Generalstab berufen und figurierte als Adjutant bei der Besatzungsarmee. Drei Jahre stand er dann in Lindau in der Garnison, die Aussichten, den Marschallstab zu erreichen, waren zusammengeschrumpft, der Dienst war nicht übermäßig, er lernte, die Zeit auszufüllen, Neugriechisch, Türkisch, Persisch. 1818 quittierte er den Dienst, und der Leutnant wurde in Augsburg das, was wir heute Studienassessor nennen würden. 1821 kam die Versetzung nach Landshut, wo er am Lyzeum 1826 ein ordentliches Lehramt für Geschichte und Sprachen übertragen erhielt.

Der Lebenslauf war ein bißchen ungewöhnlich, doch jene Zeitläufte nahmen es mit der Berufspedanterie noch nicht so genau, und es mochte jetzt in der bayrischen Kleinstadt eine geruhsame Lehridylle anheben. Da las der junge Mann 1823, daß die Kopenhagener Gesellschaft für Wissenschaft eine Preisfrage über das »Kaisertum Trapezunt« ausgeschrieben hatte. Die reizte ihn. Die Komnenenherrschaft des 13. und 14. Jahrhunderts, die von den Türken niedergeworfen wurde, war ein geheimnisvolles, wenig betretenes Nebengelände der mittelalterlichen Geschichte. Also packte er das Thema an, gewann den Preis, vertiefte sich in den Stoff, indem er erfolgreich nach neuen Quellen pirschte: Das Buch des Jahres 1827 begründete seinen wissenschaftlichen Ruhm, und dies gleich international. 1830 ließ er eine »Geschichte der Halbinsel Morea während des Mittelalters« folgen.

Die Thesensetzung ging dem Augenschein voraus. Aber das Schicksal bot ihm jetzt die Gelegenheit, die Länder, über die er geschrieben hatte, auch kennenzulernen; der deutsch-russische General Graf Ostermann, der Sieger von Kulm, lud ihn zur Reisebegleitung ein; 1831 bis 1834 währte diese erste Reise; eine zweite folgte 1840 bis 1842, die ihn auch nach Trapezunt führte, 1847/48 weilte er zum dritten Male im Osten, und die Deutschen freuten sich darauf, in der »Augsburger Allgemeinen Zeitung« an seinen Beobachtungen, Einsichten, Belehrungen, aber auch an seinen Abenteuern teilnehmen zu können und sich seiner herrlichen Schilderung von Städten und Landschaften erfreuen zu dürfen. Freilich, die Zustimmung war sachlich keineswegs einheitlich, wo es sich um eine umgrenzte, aber lebhaft vertretene und leidenschaftlich umkämpfte Behauptung handelte: »Das Geschlecht der Hellenen ist in Europa ausgerottet.« Das war ein kalter Wasserguß auf die volkstümliche und die gelehrte Bewegung des Philhellenentums, der König Ludwig I. mußte erzürnt sein, daß da einer seiner Studienprofessoren den Idealismus durchquerte, mit dem eben sein Sohn Otto sich unterfangen hatte, König der befreiten Griechen zu werden, und in Griechenland selber, wo man, von den Mächten teils verhätschelt, teils mißbraucht, in der Gefahr einer jugendlichen Großmannssucht stand, galt der Mann als ein Bedroher der griechischen Dinge. Das war er nun freilich im Sachlichen ganz und gar nicht – die Griechen haben das schließlich auch eingesehen, und Fallmerayer kann von seiner dritten Reise schreiben, die Warnungen seien überflüssig gewesen, man hatte ihn nett aufgenommen und seinen

Rat gut angehört. Der Rat war nämlich realistisch-verständig: Seht zu, Griechen, daß ihr aus dem großmächtlichen Intrigenspiel herauskommt, daß ihr bescheiden mit euren Kräften anfangt, und begrabt, so schnell es geht, den unmöglichen Traum, die Erneuerer von Byzanz zu werden. Das war die Meinung des Politikers – sie war richtig. Das Urteil des Gelehrten aber, das so viele verletzte, hieß: Die heutigen Griechen sind nicht die Enkel der alten, sondern ein Mischvolk von Slawen und Skipetaren, Produkt späterer Wanderbewegungen. Das war gewiß überspitzt. Es ist ja für jeden Besucher des heutigen Griechenland, zumal wenn er in den verstädterten Seehäfen hängen bleibt und nichts vom Bergland kennenlernt, etwas schwer, den Sprung von seiner »klassischen« Schulbubenvorstellung zu der lauten bewegten Umwelt zu machen. Fallmerayer hat natürlich richtig gesehen, was an Brauchtum und Gewöhnung von späteren Massenzuwanderern ins Land gebracht war, in die Sprache eindrang; aber er hat wohl das Ideelle in dem Sinn auch falsch geschätzt, als er nun in der Antike das Bäuerlich-Ländliche zu wenig als Substanz sah; im übrigen mochte die These für die Mehrzahl der europäischen Kulturvölker, gewiß für die des Mittelmeerraumes, ähnlich gelten. Treitschke hat dem »Fragmentisten« in seiner »Deutschen Geschichte« denn auch den Vorwurf gemacht, daß er das Wesen der Nationalität nicht kenne: »Fast überall in Europa hatte nach der großen Völkerwanderung die überlegene Kultur der Besiegten ihre Rache genommen an den barbarischen Siegern, die Slawen waren auf hellenischem Boden ganz ebenso zu Byzantinern geworden wie die Goten, Langobarden und Burgunder auf Römerboden zu Romanen wurden.« Nun ist es Fallmerayer so ergangen wie manchen Orientfahrern, daß das türkische Wesen sie gefangennahm. Das Regiment des Großherrn kommt geschichtlich bei ihm besser weg, als es die Legende der Philhellenen will und gewohnt war; die Liberalen, zu denen sich Fallmerayer im allgemeinen rechnen ließ und die ihm Beifall spendeten für seinen Spott über Egnatius Tartuffius, seinen Kampf gegen die ultramontane Reaktion des damaligen Bayern, mochten befriedigt sein, daß er gleich hinter seine Skepsis gegen die Neugriechen seinen Haß gegen die Russen setzte. Deren Ansprüche auf Konstantinopel erschienen ihm als das A und O der großen Politik, und sein Urteil über die deutsche, über die preußische Politik bemaß sich nach der seiner Meinung zufolge ungenügenden Erfassung dieser Zusammenhänge. Treitschke, der ihn mehr für einen geistreichen Poeten hält als für einen politischen Kopf und als Schilderer ihn hochschätzt, erteilt ihm die berechtigte Zensur, daß er, Konstantinopels Bedeutung für die europäischen Dinge überbewertend, die eigentliche Problematik der zeitgenössischen deutschen Politik nicht recht sehe.

Fallmerayer war 1847 zum dritten Male in den Orient gefahren; in Smyrna erreichte ihn im Frühjahr 1848 die Nachricht vom Umschwung in der Heimat. Sollte jetzt eine neue Machtformung beginnen? Würde er dabei mithelfen können, mitwirken müssen? Er eilte nach Hause, und in der Tat fand er seine Freunde willig und hoffnungsfroh, den Mann in die Frankfurter Nationalversammlung zu entsenden. Ein Zeitbild: die ländliche, gut katholische Umgebung der bayrischen Hauptstadt wählt den antiklerikalen Literaten von europäischem Ruf, der inzwischen längst Mitglied der Akademie geworden war und als solches auch begonnen hatte, in München selber historische Vorlesungen zu halten. Also einer mehr unter den Professoren der Paulskirche, freilich einer der unglücklichsten. Er hat in Frankfurt politisch gar keine Rolle gespielt und bald selber begriffen, daß er keine zu übernehmen berufen war. Alle zeitgenössischen Berichte und Erinnerungen an ihn erzählen, daß er ein guter Dozent gewesen ist, ein unvergleichlicher Plauderer bei der Geselligkeit, die er brauchte; der Tiroler Bauernbub von ehemals war etwas wie ein Weltmann geworden, hatte mit Fürsten und Diplomaten vertrauten Verkehr gepflogen, ohne darüber etwas von der unmittelbaren Selbstgewißheit seines Wesens zu verlieren. Aber vor den Stillosigkeiten, Unsicherheiten, Demagogien und taktischen Gruppierungen, zwischen die er da gestellt war, fühlte er sich völlig hilflos. Seine Berichte aus Frankfurt sind atmosphärisch höchst interessant, die große Darstellung der Debatten über Staat und Kirche hat in ihrer die Typen individualisierenden und die Persönlichkeiten typisierenden Art einen packenden Reiz. Doch der Schreiber bleibt Schreiber und Beobachter, sein Wille ist gelähmt. Aus Anstand begleitet er das »Rumpfparlament« nach Stuttgart, wiewohl er gegen dieses Experiment gestimmt hatte. Das bringt den Mann, den noch wenige Jahre zuvor der menschen- und sachenhungrige Kronprinz Max, bei Monate währendem Aufenthalt in Hohenschwangau, mit seiner Gunst erfreut, mit Hoffnungen gefüttert hatte, den Steckbrief; er muß sich in der Schweiz aufhalten, bis München 1850 den törichten Entschluß aufgibt, die Mitglieder des Rumpfparlaments gerichtlich zu verfolgen. Aber mit der Professur ist es vorbei, und der zum König vorgerückte Max läßt den gestern noch mit seinem Interesse Ausgezeichneten fallen.

Daß Fallmerayer die Sammlung seiner Reise-Essais 1845 unter dem Titel besorgte »Fragmente aus dem Orient«, hat ihm den charakterisierenden Namen des »Fragmentisten« eingebracht. Einer seiner jungen Freunde berichtet, daß er nicht selber der Finder oder Erfinder der Bezeichnung gewesen; er habe sich geärgert, daß ihm die Schriftleitung der »Augsburger Allgemeinen Zeitung« mal dies, mal jenes strich, aus politischen Rücksichten, die das Haus Cotta – siehe List – nie ganz außer acht ließ. Da riet dem Unmutigen sein alter Lehrer in Brixen: »Reden Sie doch von Fragmenten!« Das Wort wurde von seinem schnellen Sinn ergriffen; in den »Bruchstücken« lag eine leichte Unverbindlichkeit, für den »Fragmentisten«, der daraus erwuchs, gewann der Begriff eine tiefere Symbolik, als ihm selber vielleicht bewußt war. Als in seinen späten Jahren Ferdinand Gregorovius über die Geschichte der Stadt Athen im Mittelalter handelte, folgte er verwandten Spuren, die einige Dezennien zuvor Fallmerayer als erster beschritten hatte. Man wird, die Leistung des Tirolers würdigend, mehr als einmal an die Art des in Italien sich verwurzelnden Ostpreußen erinnert, zumal wenn man an ein Buch wie das über Korsika denkt: es ist eine ähnliche Intensität des Erlebens und des Schilderns. Gregorovius, als er in den Süden ging, hatte den politisch-aktuellen Ehrgeiz und die Leidenschaften freilich hinter sich gelassen und sich zum sammelnden und betrachtenden Historiker gewandelt. Fallmerayer ist das in gleichem Maße doch nicht geworden; die lebensneugierige Unruhe des ewigen Wanderers hielt ihn stärker bei der wirkungswilligen Publizistik. In ihr hat er freilich die höchsten Maße erreicht – ein Fragment gebliebenes Lebenswerk läßt auch aus dem Bruchstück, das der zugeneigte Betrachter in die Hand nimmt, die großen Maße einer starken und bedeutenden Natur erspüren, die Ganzheit eines Menschentums mit Humor, Weite des Herzens, gläubiger Naivität und der sicheren Gelassenheit des humanistischen Wesens.

Stephan Ludwig Roth

Für das deutsche Geschichtsbewußtsein blieb dieser siebenbürgische Pfarrer kaum mehr als eine Randfigur, immerhin gelegentlich sichtbar geworden als das deutsche Blutopfer in dem wechselvollen Krieg, den die Ungarn 1849 gegen Wien führten. Dieses Ende, die standrechtliche Erschießung in der Zitadelle von Klausenburg am 11. Mai 1849, leiht seinem Namen das Pathos des tragischen Märtyrertums – kein Wunder, daß seine Gestalt in solcher Verklärung die dichterische Phantasie anregen konnte, daß einige Romane ihn als ihren »Helden« wählten. Das ist vielleicht der Weg, um die Vorstellungen, die mit seinem Namen verbunden waren, fester und fülliger zu machen. Für die Siebenbürger Heimatgenossen war sein Name lebendig geblieben. Denn man sagt vielleicht nicht zu viel, daß die großartige und überlegene Art, wie er zu sterben wußte, recht eigentlich es gewesen ist, die den öffentlichen und nationalen Sinn der Sachsen ergriff und bildete, so daß die bestimmte und dauernde Wirksamkeit seines Wesens erst nach seinem Tode und durch seinen Tod begann. Denn so lange er als Prediger, Publizist, Vereinsgründer in den Jahrzehnten des Vormärz seinem Volke gedient hatte, war er eine zwar geachtete, aber doch auch recht umstrittene Persönlichkeit gewesen; mancher Ruf war echolos verhallt; Unternehmungen volkspolitischer Art blieben stecken oder mißglückten, und dann fehlt es nicht an Hohn; er ist über Enttäuschungen hinweggekommen und bereit geblieben, sein optimistisches Naturell an dem Vertrauen zu entzünden, das junge Menschen ihm entgegentrugen. Er mußte gestorben sein, vielleicht *so* gestorben, damit er nicht bloß eine Gestalt von einigender Symbolkraft werde, sondern auch in seinen Lehren und Versuchen fruchtbar. Er hat, immer mit Erweiterung des Grundstoffes, im Sachsentum eine Reihe von Biographen und Editoren gefunden, Gläser, Olbert, zuletzt Folberth – die Begegnung mit den verwehten Flugschriften, mit den neu gefundenen Briefen und Tagebüchern vermittelt den starken Eindruck eines Menschentums, bei dem sich die in der Zeit, in der Luft liegenden Fragen auf eine bedeutende, freie, in der Form originelle Art beantworten.

Roth hat wie mancher seiner Heimatgenossen, wie es auch schon sein Vater getan hatte, einige Semester in Tübingen studiert und dort auch bei dem romantischen Philosophen Eschenmayer promoviert. Die theologischen Lehren waren für ihn nicht sehr wesentlich. Aber die Luft, in die er im Herbst 1817 trat, nach einer lehrreichen Fußwanderung, die ihn von Wien her durch das

Alpenvorland geführt hatte, war merkwürdig bewegt: die Gründungsstimmung der deutschen Burschenschaft. Sie ist für ihn wichtig geworden und wichtig geblieben; die entscheidende Weisung für sein Leben kam von anderer Seite. Er hat sich in der Tübinger Zeit ein Stück des deutschen Südwestens erwandert, ist bis Frankfurt gekommen – sein Reisetagebuch notiert einen Besuch bei dem schroffen Rationalisten Paulus in Heidelberg, eine Unterhaltung, die er dort mit Hegel gepflogen hat. Die Phantasie möchte sich ausmalen, daß er, aufnahmehungrig, wie er diese Zeit nutzen wollte, auch einmal in den Hörsaal gelaufen sei, in dem eben, 1817, der wenige Jahre ältere Friedrich List sein kurz bemessenes Professorentum begonnen hatte. Es ist nichts davon überliefert. Wenn man einige der späteren volkswirtschaftlichen Schriften Roths studiert, fühlt man sich unmittelbar an die Vortragsart, an die farbige, manchmal heftige Schreibweise von Lists agitatorischen Broschüren erinnert. Sie waren gewiß verschieden: der von Depressionen gelegentlich gequälte, unstete, geniale schwäbische Choleriker und dieser junge Siebenbürger, dem ein Zug aristokratischer Überlegenheit eigen war und der in seinem Leben noch manchmal die heitere Gefaßtheit seines Wesens zeigen sollte. Ihre Verwandtschaft liegt in der pädagogischen Leidenschaft, in der Abkehr vom dogmatischen Schlagwort, in der sinnhaften Realistik.

Jene pädagogische Leidenschaft läßt ihn das Studium

in Tübingen für mehr als ein Jahr unterbrechen. Man hat ihm von dem Anstaltsleben und Lehrbetrieb in Iferten (Yverdon) so viel erzählt, daß er sich im September 1818 wieder auf die Wanderung macht: am 1. Oktober trifft er am Ziel ein und bietet sich Pestalozzi als Mitarbeiter an. Der Zweiundsiebzigjährige neigt sich zu dem noch nicht zweiundzwanzigjährigen Jüngling in erwärmter und erwärmender Liebe; er solle bei ihm bleiben, Latein lehren, eine Grammatik verfassen – die Lebens- und Arbeitsgemeinschaft, die bis zum April 1820 währt, gibt seinem künftigen Leben die Richtung. Die Promotionsarbeit in Tübingen, in vierzehn Tagen niedergeschrieben, zeigt sie an: »Das Wesen des Staates als eine Erziehungsanstalt für die Bestimmung des Menschen.« Aber dieser Staat ist noch nicht da, und offenbar muß man zuerst die Menschen »bestimmen«, daß sie sein rechtes Wesen ermöglichen und ihn dann schaffen.

Auf der Heimfahrt verfaßt er den Entwurf seiner ersten Flugschrift. Der Titel ist umständlich genug, aber es weht durch ihn die Luft der Aufklärungszeit: »An den Edelsinn und die Menschenfreundlichkeit der sächsischen Nation in Siebenbürgen, eine Bitte und ein Vorschlag für die Errichtung einer Anstalt zur Erziehung und Bildung armer Kinder für den heiligen Beruf eines Schullehrers auf dem Lande.« Man sieht, nicht weniger liegt in seinem Sinne, als die schweizerischen Erfahrungen unmittelbar für die Heimat fruchtbar zu machen.

In der Schweiz, schreibt er einmal, ist das Land arm, sind die Menschen reich, in Siebenbürgen ist es gerade umgekehrt. Er wartet noch mit dem Schritt in die Öffentlichkeit – während er selbst 1821 an dem Mediascher Gymnasium als Professor bestellt wird, bereitet er den Anstaltsplan bis ins Einzelne vor, kauft aus dem Eigenen Grund und Boden, rechnet und kalkuliert, macht Pläne für Bau und Wirtschaft – aber der Aufruf, der 1822 hinausging, verhallt echolos. Das Betriebskapital kommt nicht zusammen. Auch der andere Plan, eine pädagogische Zeitschrift, »Der sächsische Schulfreund«, zu gründen, bleibt Vorschlag. Es sieht so aus, als ob sein reformatorischer Enthusiasmus verurteilt sein solle, in dem überlieferten Pflichtenkreis müde zu werden. Die zwölf Jahre, die er an dem Gymnasium weilt, schließlich als dessen Rektor, sind wohl von Arbeit und einiger Resignation angefüllt, mit mancher Reibung und Unbequemlichkeit; als man ihn 1833 zum Stadtprediger ernannte, empfand er dies als eine gewisse Abschiebung. Nicht als ob er dem Pfarrerberuf, für den er sich geschult hatte, in dessen Nöte er einmal mit einer kurzen Schrift eingegriffen hatte, ausgewichen wäre, ihn gering geachtet hätte. Aber die Bindungen der kleinstädtischen Seelsorge erfüllten ihn nicht.

Daß ihn 1837 die Bauern von Nimesch zu ihrem Prediger wählten, 1847 die Meschener auf ihre reich dotierte Pfarre holten, führte ihn zu seinem eigentlichen Beruf: vom Lande aus zum volkswirtschaftlichen und

politischen Erzieher zu werden. Es war selbst ein Land-
kind – der Jüngling, der 1817 nach Tübingen gewandert
war (und er hatte sich mit den Aufenthalten fünf Monate Zeit dazu genommen) schrieb damals ein (unver-
öffentlichtes) Heft voll mit Erlebnissen, Eindrücken,
Erfahrungen, eine sehr muntere Sache; charakteristisch
nun, wie er Beobachtungen über landwirtschaftliche,
über gewerbliche Technik notiert, mit einem scharfen
kritischen Auge, mit lernbegierigen Sinnen. Jetzt, zwischen die Bauern gestellt, ist es sein erstes Anliegen, den
Stand der agrarischen Dinge zu studieren und aus dem
Acker- und Wiesenland der Pfarre einen Musterbetrieb
zu machen. Gelang es ihm nicht, die Pflanzstätte für
junge Lehrer zu schaffen, so wollte er hier, in der fast
unabhängigen Stellung eines damaligen Siebenbürger
Landpfarrers, das Beispiel geben, an dem die sächsischen Bauern, aber auch die Walachen lernen mochten.
Dem praktischen Versuch folgte in den Jahren 1841 bis
1843 eine gedrängte populäre Wirtschaftspublizistik
über die Zünfte, über Ratschläge an das Landvolk,
über Geldmangel und Verarmung und nun doch der
Widerhall: es gelingt ihm, 1843 den Siebenbürgisch-
Sächsischen Landwirtschaftsverein ins Leben zu rufen,
der für die kommenden Jahrzehnte eine Mitte nicht
nur des ökonomischen, sondern auch des völkischen
Lebens wird.

Mit dem Hintergrund dieses Vereins glaubte er,
in vorstoßendem Eifer, Entscheidendes für Volkstum

und Volkswohlfahrt leisten zu können, wenn er neue deutsche Bauern mit neuer Technik in das Land bringe. Er fuhr 1845 auf Bauernwerbung in das seiner Jugend vertraute Württemberg. Sollte es nicht möglich sein, die Schwaben, die in jenen Jahrzehnten über See gingen, nach Siebenbürgen zu holen? Das ließ sich nicht schlecht an; die Monate, die er von Stuttgart aus das Land bearbeitete, Gruppen zusammenbrachte und beriet, waren bewegt, Männer wie der christlich-soziale Prediger Gustav Werner liehen ihm Zuspruch und Stütze. Aber die richtig gedachte Idee kam nicht zu der weiten Wirkung, die er sich versprochen, denn die Aufnahme-Organisation, schließlich auch der freudige Wille im sächsischen Bezirk entsprachen nicht der antreibenden Glaubenskraft des Mannes; die Gesamtzahl der Einwanderer erreichte nicht ganz fünfzehnhundert Seelen, etwas über dreihundert Familien, die unsystematisch gesiedelt wurden. Sie blieben Kinder seiner Sorge wie seiner Freude. Die Durchsäuerung des ganzen sächsischen Bauerntums, die er gewollt hatte, konnte von solch kleiner Gruppe nicht geleistet werden. Hatten die Spottlustigen oder die seinem Reformeifer Mißtrauenden früher von ihm nur als ihrem sächsischen Pestalozzi geredet, so blieb jetzt der Name »Schwabenkönig« an ihm hängen.

Es wäre verfehlt, aus seiner volkswirtschaftlichen Flugschriftenpublizistik etwas wie ein System oder eine Theorie herausklauben zu wollen. Sie ist ganz von der

Anschauung seiner Umwelt bestimmt, und sie ist auch eben für diese Welt bestimmt. Das Konservative spricht in ihm, wenn er gegenüber einer allzu banalen Verdammung der Zünfte deren ordnende Kraft und Aufgabe verteidigt, voll Sorge gegenüber dem Fabrikwesen mit seinen sozial zerstörenden Folgen. Aber dort, wo er das Gewordene preist, wird er zugleich zum heftigen, nachmals drastischen Kritiker der bequemen Gewöhnungen, der selbstgerechten Gedankenverfilzung. Er gehört zu jenen Patrioten, die auch das scharfe Mahnwort an das eigene Volk nicht scheuen, unbekümmert um den Vorwurf: das sollen doch die andern, die Magyaren, die Rumänen, nicht hören! Er ist ein Volksschriftsteller von hohen Graden, mit Humor und Drastik, mit knapper Lebendigkeit des Vortrags, das Lehrhafte bedient sich des Bildes, und dieses Bild bekommt dann manchmal den dichterischen Glanz, etwa wenn er den Sachsen warnend zuruft: »Ist es denn eine Sache der Sicherheit, auf den vertrockneten Blättern der Erinnerung, der gewesenen Zeiten zu ruhen? – Durch die Schultüren strahlet der Morgenstern.«

Daß er die Schultüren recht groß und offen haben will, hat seit dem Jahr 1842 nicht mehr den wesentlich humanitären Akzent der Frühzeit oder den volkswirtschaftlichen der reifen Jahre, sondern ist jetzt auch wesenhaft nationalpolitisch betont. Damals gab er die Flugschrift heraus: »Der Sprachkampf«. Diese Arbeit gehört zu den klassischen Dokumenten einer beginnenden bewußten Volkstumspolitik. Der privilegierte Status der Sachsen war in der neuen Konstitution aufgehoben: »Wenn also unsere Nationalität durch keine staatlichen Einrichtungen mehr gestützt ist, auf was sind wir dann angewiesen? Auf unsere innere Kraft allein … selbsteigene Tapferkeit und Kriegskunst. Diese Kriegskunst ist aber der Unterricht oder die Schule, und die Tapferkeit ist die Sittlichkeit unserer Kirche … »Wie unser bisheriger Rechtszustand eine Mitte war zwischen Adel und Untertanen, so ist auch nun wieder unsere Stellung eine Mittlerschaft zwischen Magyarentum und Walachentum. Einem von beiden fallen wir anheim, wenn wir selbst uns nicht wert halten und würdig machen, etwas für uns zu sein.« Die Bedeutung dieser Schrift liegt nicht darin, daß sie eine besondere »Volkstheorie« entwickelt, die Gegebenheit der nebeneinanderliegenden Volksindividualitäten bedarf der Erörterung nicht, nur die Gefahr des Überläufertums in die magyarische Schicht, des Untersinkens zwischen der wachsenden kinderreichen Rumänen-Masse mußte ausgesprochen werden; *daß* sie aber ausgesprochen wurde, mit Freimut, Leidenschaft und doch auch mit einem wachen Sinn für Lebensrecht und Lebenswillen der andern, ließ die Arbeit wie eine Fanfare wirken. Sie war es, die den Verfasser erst recht in die Mitte eines von ihm geweckten Nationalbewußtseins rückte, er hatte dem sein beredtes Wort geliehen, was viele empfanden, aber bisher noch nicht zu sagen wagten. Nicht zu überhören, daß der Ton gegenüber den Walachen verstehendes Mitempfinden, erzieherische Mitverantwortung zeigte, vor den Magyaren abwehrende, ja trotzige Selbstbehauptung. Das wurde verstanden, und die Antwort blieb nicht aus. Die Polemik verdroß Roth wenig – er nahm sie selber nicht weiter auf, ihm genügte es, daß er die starke innere Bewegung des sächsischen Volkes spüren durfte.

Sechs Jahre später, 1848, sollte sich diese auch die äußere Form schaffen. Die europäische Erregung erfaßte notwendig in ihrer nationalisierenden Wirkung auch Roths Heimat: als der Sächsische Jugendbund gegründet wurde, wird er zum Leiter ausgerufen, wird dann auch in die Vertretung der sächsischen Nation gewählt. Doch nun greift die Revolution tiefer, das Magyarentum erhebt sich gegen Wien, in Siebenbürgen stehen die Sachsen und die Rumänen auf der kaiserlichen Seite, und der österreichische General von Puchner entsendet Roth als kaiserlichen »Pazifikationskommissar« in das sogenannte Kokelsburger Komitat; die dortigen sächsischen Dörfer, durch Flucht der Beamten der Ungewißheit ausgeliefert, sollen der sächsischen Gemeinschaft und Ordnung eingegliedert werden. Eine harte Aufgabe, deren Lösung durch Mut und vermittelnde Klugheit gelingt. Aber Mitte Januar 1849 siegt der für die Ungarn fechtende polnische General Bem, rückt in Siebenbürgen ein, Roths Mission ist zu Ende, er kehrt in seine Pfarrei nach Meschen zurück. Dort wird er am

21. April auf Befehl des ungarischen Regierungskommissars verhaftet. Bem ist abgerückt, und Kossuth in Budapest nimmt auf die Amnestie-Erklärung des Generals keine Rücksicht. Roth lehnt die wiederholt gebotenen Möglichkeiten der Befreiung und Flucht ab. In Klausenburg tritt am 11. Mai das Standgericht zusammen; drei Stunden, nachdem das Todesurteil gesprochen, wird es vollstreckt. Mit einer tapferen Sicherheit geht er den letzten Weg. Dem Abschiedsbrief an die früh mutterlos gewordenen unmündigen Kinder, der auch Anweisungen über die erneuerten Pläne zu einer Schulzeitung enthält, fügt er hinzu: »Nachträglich muß ich noch ansetzen, daß ich weder im Leben noch im Tode ein Feind der ungarischen Nation gewesen bin. Mögen sie dieses mir, als dem Sterbenden, auf mein Wort glauben, in diesem Augenblicke, wo alle Heuchelei abfällt.« Der zeitgenössische Bericht über die Exekution sagt, daß der kommandierende Hauptmann bewegt ausgerufen habe: »Soldaten, lernt von diesem Manne, wie man für sein Volk stirbt!« Bem, bestürzt von dem, was in seiner Abwesenheit geschehen, forderte bei Kossuth die Absetzung des verantwortlichen Kommissars – dieser Streit um die Schuld ging in der Wendung des ungarischen Geschicks unter.

Sein Tod hat Roth zur politischen Kraft gemacht. Die Pläne, die er entworfen, wurden aufgenommen, und als in den kommenden Jahrzehnten das sächsisch-magyarische, das sächsisch-walachische Verhältnis in Krisen geriet – das war unausbleiblich –, mußte sich das Gedächtnis des Mannes erneuern. Daß ihn das Schicksal in die politische Arena zwang, war in seinemWesen nicht angelegt – er war, bei einem freien Selbstgefühl, ganz ehrgeizlos und in seinem kämpferischen Temperament nie an die Partnerschaft eines Gegners, sondern an die Sache gebunden. Man warf ihm vor, bei manchen der Sachsen, bei den Magyaren, daß er, der Pfarrer, aus dem Rahmen seines Berufes getreten sei. Das konnte er nicht verstehen: »Die Presse ist der Predigtstuhl dieser Zeit«, schreibt er einmal einem Neffen; er begriff den Auftrag der Kirche auch durchaus sozial und mußte ihn in der Siebenbürger Gemengelage von Sprachen und Konfessionen durchaus auch nationalpolitisch ausweiten. Man spürt aus den Predigten, die von ihm erhalten sind, daß ihn das Dogmatische wenig belastet; aber er weiß um den Sinn der kirchlichen Sitte als einer schlechthin bewahrenden und stärkenden Kraft in dem Volkstumskampf, dem er, da die Nationen durch die Weiterwirkung von 1789 in Unruhe geraten waren, zu einem der frühen Deuter wurde.

Hans Kudlich

Auf einer Kunstausstellung, die vor Jahren in Berlin gezeigt wurde, befand sich ein großes Gemälde von Paul Gebauer mit leicht monumentalisierendem Charakter: ein junger, blondbärtiger Mann, in einen altertümlichen, blusenhaften Rock gekleidet, hielt eine siegelbeschwerte Papierrolle in der Hand, vier sensenbewehrte, hemdsärmelige Bauern umstanden ihn. Die schmalen Bauernköpfe waren fast porträthaft individualisiert, in dem einen saß eine abwartende Pfiffigkeit. Der Katalog nannte das Bild: Hans Kudlich, und dieser Name konnte wohl den meisten der Besucher gar nichts sagen. Daß das Schicksal einmal den Träger dieses Namens zum Vollzug eines großen Geschichtsaktes gewählt hat, wußten und wissen nur wenige. Jenes Gemälde aber gab die Bestätigung, wie sehr der Mann in die Verklärung der Legende eingegangen ist: so stehen die Heiligen auf dem Altar mit den Genossen und den Attributen.

Dieser Kudlich war kein Heiliger, aber den Nachruhm des Märtyrers wird man ihm, auf das Entscheidungsjahr seines Lebens blickend, nicht verwehren.

Es war das Jahr 1848, das ihn um Heimat, Beruf und bürgerliche Existenz brachte, das ihn pfeilschnell zu Ruhm und erhebender wie erdrückender Volkstümlichkeit geführt, das aber auch den zweimal in contumaciam zum Tode Verurteilten in die Fremde getrieben hatte. Jene altfränkische Tracht des Bildes war der lange Kittel der Wiener »Studentenlegion«, die beim Sturze Metternichs, im Widerstand gegen Windischgrätz eine entscheidende Rolle gespielt hat. Nimmt man den jungen Menschen, der, etwas lustlos, in den Jahren des Vormärz Jura studiert, mit Stundengeben sich durchhilft, als Glied der revolutionärliberalen Gruppierungen, Lesevereine, akademischen Zirkel, so bleibt er durchaus im Typischen – er hat auf dem katholischen Gymnasium in Troppau nicht bloß den Schiller und den Anastasius Grün gelesen, sondern auch das eben erschienene »Leben Jesu« von David Friedrich Strauß, natürlich heimlich. Man mag in ihm also eine Figur aus dem Bilderbuch der Zeit sehen, mit keinen außerordentlichen Zügen – daß er an dem Auflauf vor dem niederösterreichischen Landtag teilnahm, an jenem 13. März, dessen Abend Metternich auf der Flucht wußte, ist sozusagen selbstverständlich. Damals, als er sich mit einem Spazierstock der andringenden Soldaten erwehren wollte, erhielt er einen Bajonettstich in die Hand; die Verletzung war nicht unbedenklich, mit der Folge von starkem Blutverlust. Fast kann man sagen, dieser kleine Zwischenfall entschied über sein Schicksal, schob ihn zunächst ein wenig aus der Linie, zwang ihn, die Heimat zur Genesung aufzusuchen – dort verwandelte sich unversehens, schier ungewollt, der Kamerad von Studentenkrawallen in einen »Volksmann«. Was weiß man viel auf dem schlesischen Dorf von den Vorgängen in Wien! Da kommt einer, der dabei war, die schwer heilende Wunde ist der Ausweis, er erzählt, da, dort, er ist selbst ein Bauernsohn.

Das hat ihn schon in Wien ein wenig von den Bürger- und Beamtenkindern unterschieden, die so viel von Zensur und Pressefreiheit redeten und nichts vom Lande wußten. Der Vater Kudlich, ein robotpflichtiger, aber offenbar nicht ganz unbemittelter Bauer in Lobenstein, das zur liechtensteinschen Herrschaft Jägerndorf gehörte, muß ein Mann eigener selbständiger Art gewesen sein, in seinem Rechtssinn und Trotz ungebrochen. Er hatte einmal gewagt, einen Prozeß gegen die Herrschaft zu führen, und ihn sogar gewonnen. Seitdem besaß er Respekt vor den Advokaten; er sandte den ältesten Sohn auf die hohe Schule, der jüngste sollte ihm folgen; der Hof würde dem mittleren übergeben. Dieser jüngste aber zeigte wenig Lust, sorgte, daß er zu schlechten Schulzeugnissen kam – aber als ihn dann der Vater statt in die Bauernwirtschaft zu einem Schuster in die Lehre steckte, erkämpfte er sich doch die Rückkehr zu den alten Griechen, und jetzt saß er also im Frühsommer 48, blaß und mitgenommen, zu Hause – die Revolution war überflüssigerweise gerade in seine ersten Examensstationen hineingeplatzt. Der Sinn aber stand nicht nach Kompendien. In Prag waren die Tschechenführer beisammen gewesen, hatten die Ansprüche der Wenzelskrone proklamiert, die Beschickung des Frankfurter Parlaments abgelehnt, es war zu Unruhen und Militärgewalt gekommen – wie sollte Österreichs Schicksal werden? Die Post bringt die Kunde: Österreichs Länder erhalten ein eigenes Gesamtparlament. Und nun stecken die deutschen Bauern die Köpfe zusammen: Wen soll der neugebildete Wahlkreis nach Wien senden? Warum nicht dem Kudlich seinen Jüngsten? Dessen Ältesten, der freilich schon fast vierzig war, hatten sie kürzlich nach Frankfurt gewählt; das Lobensteiner Bauernhaus konnte ruhig zwei Volksvertreter stellen. Den Eltern, zumal der frommen, kränklichen Mutter, paßte das wenig; aber ein deutscher Bauer war nicht da, die Tschechen stellten einen geschickten Landwirt auf, es fanden sich sonst noch ein paar Bewerber – der Junge sagt zu, die Stimmen zersplittern sich im ersten Gang, schließlich wird er gewählt, in der Entscheidung sind ihm auch die tschechischen Stimmen zugefallen. Er ist knapp fünfundzwanzig Jahre alt, das jüngste Mitglied des ersten Wiener Reichstags.

Dessen Bild sieht ja nun anders aus, als sich die radikalen Jungen vor ein paar Monaten das gedacht hatten. Aber das ist ihnen nicht so wichtig; denn während sie erleben und selbst daran reifen wollen, wie sich ein vielsprachiges Parlament im Grunde mehr des völkischen

Unterschiedes als einer einheitlichen Staatstradition bewußt wird, sind ja ihre Gedanken und Empfindungen in Frankfurt. Dort, das hoffen sie, das glauben sie, formt sich die Zukunft eines deutschen Einheitsschicksals. Natürlich sollen auch die Erblande, und was noch so dazu gekommen ist, eine Konstitution erhalten, das alte Österreich gründlich verwandelt werden – jener Reichstag, der nach den Wiener Oktoberstürmen in dem Bischofsschloß von Kremsier noch eine minutiöse Verfassungsarbeit versuchte, um dann plötzlich aufgelöst zu werden, hat eigentlich nichts fertig gebracht als dies: den Völkern die Schwierigkeit anschaulich zu machen, wie ihr Zusammenleben unter ihrer eigenen Teilnahme staatlich geformt werden könne. Die Lehre war hart, an Enttäuschungen reich und sollte späterhin vor allem von den Deutschen noch teuer bezahlt werden. Alle »Errungenschaften« wurden zunächst in der Aera Schwarzenberg-Bach ausgelöscht. Nur eine blieb, die Bauernbefreiung. Am 25. Juli hatte der jüngste Abgeordnete dem Reichstag den knappen Antrag vorgelegt: »Von nun ist das Untertänigkeitsverhältnis samt allen dazu gehörigen Rechten und Pflichten aufgehoben, vorbehaltlich der Bestimmungen, ob und wie eine Entschädigung zu leisten sei.« Die Arbeit an der Verfassung wurde unterbrochen, die Regelung des Agrarrechts vorweggenommen. Kudlich umschrieb in einem zweiten Antrag von Anfang August die zu beseitigenden Belastungen des Bauern und erwies sich in den kommenden

Wochen, da eine Fülle von Wünschen und Forderungen hereinbrach, als ein zäher, kenntnisreicher Taktiker. Er selbst neigte unzweifelhaft zur entschädigungslosen Aufhebung aller Lasten, verfocht dann als Ersatz, daß für die Leistungen, die eventuell als entschädigungsberechtigt angesehen würden, der Staat einzustehen habe. Die Regierung widerstand der einfachen Aufhebung, Kompromisse suchten den Ausgleich, die aus dem Untertanenverband und der alten Hörigkeit stammenden Ansprüche der Grundherren sollten entschädigungslos fallen, für die Fronden aber eine billige Ablösung von den Bauern geleistet werden. Die Regierung wollte sich mit einem Rahmengesetz genug sein lassen; aber der Gang der Augustberatungen hatte Kudlich und seine Freunde mißtrauisch gemacht. Sie erzwangen die Verabschiedung des durchgearbeiteten Gesetzes am 7. September. Es ist kaum ein Zweifel erlaubt, daß bei einer Verzögerung auch dieses Gesetz in den sich abzeichnenden kommenden Wirren untergegangen wäre.

Der so unbefangene wie warmherzige Vorstoß des Studenten Kudlich im Wiener Reichstag hat dem Antragsteller den Ruhm gebracht, »der Bauernbefreier Österreichs« zu sein. Das mochte manchem übertrieben scheinen. Die Frage selbst lag ja in der Luft – es wäre vielleicht auch ein anderer gekommen, die Antwort in ein paar Sätzen zu verdichten. Möglich, daß sich auch die Regierung, in der Stadion saß, zu einem Schritt entschlossen hätte. Schon als die Entscheidung fiel, im September 1848, ließen es die in der Behandlung der öffentlichen Meinung erfahrenen Bremser des Gesetzgebungswerks nicht daran fehlen, den Namen des Initiators zu verdunkeln – da entschloß sich ein Wiener Literat, Kudlich kannte ihn gar nicht, durch sein Blättchen die Bauern der Monarchie zu einem Fackelzug des Dankes nach Wien einzuladen. Sie kamen, Deutsche, Tschechen, Polen, Ruthenen, zu dem »braven, guten Herrn Kudlich«, wie ihn jener Zeitungsmann genannt hatte – er mochte an jenem »Erntefest der Freiheit« den Rausch einer übermächtigen Volkstümlichkeit genießen; seine Rede aber war nicht frei von den Untertönen der Sorge. Es ist kein Zufall, daß sein Name eine Zeitlang wieder untergehen konnte, da die Anknüpfung an die josephinische Tradition in Österreich selbst am meisten verpönt war. Aus ihr hatte er den Anstoß bekommen und später die Rechtfertigung bezogen – seine revolutionäre Leidenschaft war nicht antidynastisch, aber antifeudal. Der kaiserliche Aufklärer hatte wohl die sogenannte Leibeigenschaft, die Erbuntertänigkeit aufgehoben, aber die dingliche Belastung des Bauernstandes mit Fronarbeit und mit den vielen Dutzenden von Abgaben, seine schlechte Rechtslage im herrschaftlichen Gerichtsverband, die quälende Beengung durch langgedehnte Einquartierung waren nur drückender geworden, zum mindesten wurden sie drückender empfunden. Freilich, daß sich die »Bauernbefreiung« dann in einem fast revolutionären Elan vollzog, hat doch die

Wirkung gehabt, daß auch die Reaktion sie nicht im wesentlichen mehr beschnitt; vor allem, sie mußte nicht, wie im östlichen Preußen, mit dem Verlust von Bauernboden bezahlt werden. Georg Friedrich Knapp merkt bei einem Vergleich des Berliner und des Wiener Verfahrens an, daß Kudlich »fast als Retter des Vaterlandes erscheinen konnte«, als er die Bauernfrage dem Reichstag aufzwang.

Das nationalpolitische Element trat hinter dem agrarpolitischen, dem ethisch-humanitären zurück. Kudlich war der Held *aller* Bauernvertreter. Er erzählte später mit guter Laune, daß schon, wenn er sich zu einer bloßen Wortmeldung, einer Geschäftsordnungsbemerkung von seinem Platze erhob, die der deutschen Sprache unkundigen ruthenischen Bauernvertreter auch aufstanden – für den Fall, daß es sich da gerade um eine der vielen Abstimmungen handle. Aber der Kampf führte ihn doch auch rasch an die nationalpolitische Problematik heran. Die Tschechen wollten diese ganze Gesetzgebung in die Länder, für ihren Bedarf in ein zentralisiertes Groß-Böhmen, verlegt wissen. Er wußte, was das für seinen Heimatboden bedeuten mußte. Aus der Agrarreform bricht die Einsicht auf, daß die Zukunftsfrage im Verhältnis der Völker untereinander und zum Staate beschlossen liege. Und mißtrauisch betrachtet er, wie zwischen Regierung und Slawentum eine Annäherung erfolgt.

Windischgrätz, Jellachich sammeln Truppen – gegen

Ungarn, gegen Wien? Die Atmosphäre ist geladen – es kommt in der Hauptstadt zu Unruhen: man will verhindern, daß deutsche Regimenter gegen Ungarn eingesetzt werden. Offenbar ist die Stadt schutzlos, wenn Windischgrätz Ernst macht – wo sind die Reserven? Kudlichs Leben bekommt den Zug des Abenteuerlichen – er weiß, mit der bürgerlichen Masse ist es nicht getan, jetzt müssen die Bauern, die eben befreiten, helfen. Er macht sich auf den Weg, mit zwei Begleitern, donau-aufwärts, übers Tullner Feld, Krems, schließlich Linz, wandernd, fahrend, predigend, es gibt allerhand Zwischenfälle, man schlägt sich durch, sein Name bringt so viel Gefahr, wie er Zauber wirkt – aber nun muß er merken: der Bauern-Landsturm, den er den Wiener Freunden besorgen soll, will sich nicht erheben. Die Täuschung, die Enttäuschung, die ihn noch nach Jahren wurmt: der Bauer ist frei geworden, das genügt ihm. Er ist dankbar, daß man ihm dazu geholfen hat. Aber Verfassung, Reichstag, Sicherung des bürgerlichen Wesens, Regelung der Zuständigkeiten von Reich, Land, Völkern und Kirchen, das mag die Wiener interessieren. Deshalb verläßt man nicht den Acker, wenn die Herbstbestellung wartet. Der Sturm bricht nicht los. Als Kudlich nach Wien zurückkehren will, ist die Stadt schon erobert. Flüchtig verbirgt er sich an wechselndem Ort, aber er taucht dann doch, persönlich mutig, wie er sich immer erwies, zur erschrockenen Überraschung der Freunde in Kremsier wieder auf. Und er bleibt, von der täglichen Verhaftung bedroht, bis das Parlament, da es eben vor dem Abschluß der Verfassungsarbeit steht, aufgelöst wird.

Der Steckbrief sucht ihn; er muß fliehen, grüßt noch einmal die Heimat, der Bauernsohn geht über die Grenze – wird es der Sinn seines Lebens, Berufsrevolutionär zu sein? Alles scheint zerbrochen. Aber er hat sich der Revolution vermählt. Wird in Sachsen gekämpft, geht er nach Sachsen, flammt in der Pfalz der Widerstand hoch für die Frankfurter Reichsverfassung, geht er in die Pfalz, dann nach Baden, schließlich nimmt ihn die Schweiz auf. Es ist eine Ballade mit ungleichem und unruhigem Rhythmus, die das Jahr mit diesem Leben gedichtet hat – verständlich genug, daß vor einigen Jahren der sudetendeutsche Dichter Wittek in seinem Roman »Sturm überm Acker« dieses Schicksal zu gestalten versuchte.

Der Schweiz war Kudlich kein willkommener Gast, da die Wiener Regierung ihn mit der unsinnigen Verleumdung verfolgte, er sei an dem Totschlag des Ministers Latour beteiligt gewesen. Karl Vogt, der in der Schweiz eine neue Professur gefunden hatte, half dem jungen Menschen, Medizin zu studieren, gab ihm seine Tochter zur Frau; als die Schweiz die ärztliche Niederlassung verweigerte, ging Kudlich 1853 wie so viele Schicksalsgenossen nach Amerika und wurde Arzt in Hoboken. An der amerikanischen Politik hat er, zumal in der Frage der Sklavenbefreiung, den stärksten inneren Anteil genommen, doch ist er, wie es scheint, über die Pflege der deutschen Kulturtradition hinaus sichtbar nicht hervorgetreten – das minutiöse Werk von W. Kaufmann über die Deutschen im Bürgerkrieg nennt ihn gar nicht, A. B. Faust merkt in seiner großen Arbeit nur an, daß er drüben kein öffentliches Amt angenommen habe. Er mochte, in dem Beruf und in der Sorge für eine große Familie aufgehend, für die Heimat fast verschollen sein. Da entschloß er sich, 1872, das alte Vaterland wieder aufzusuchen. Die Amnestie hatte die Schwierigkeiten ausgeräumt. Es war eine merkwürdige Begegnung. Man freute sich seiner, feierte ihn, er durfte sehen, daß sich der Bauer technisch entwickelt, in seiner menschlichen Haltung gefestigt hatte; aber Kudlich wurde selbst, noch nicht ganz fünfzigjährig, ein bißchen als Museumsstück betrachtet, mit der freundlichen Nachsicht, deren sich die alten »Achtundvierziger« wenigstens im Menschlichen immer versichert halten durften. Er sah, was aus manchen Kameraden von damals geworden war, las in den Büchern von Springer, Helfert und anderen, wie sich das Jahr 1848 abgespielt habe, fand bei den Verwandten die Briefe und Notizen seiner Jugend und seines politischen Jahres, und nun brach es aus ihm hervor; er schrieb, einen Winter in Troppau sitzend, seine »Rückblicke und Erinnerungen« – man wird diese drei Bände nicht unter die abwägenden Geschichtsbetrachtungen rücken, aber rühmen um ihrer herzhaften Kraft, ihrer uneitlen Sachlichkeit, ihrer frischen Menschlichkeit. Es ist die Rechtfertigungsschrift einer Generation und dadurch, bei angreifender oder verteidigender Subjektivität, ein Dokument von historischer Würde.

Dieses Buch hat Kudlich wieder für das Bewußtsein lebendig gemacht. Er hat nicht nur sich selbst geschichtlich gesehen, sondern er hat erlebt, wie seine Leistung zum Gegenstand forschender Akribie wurde. Der kränkliche Student des Frühsommers 1848 wurde unwahrscheinlich alt, vierundneunzig Jahre; es hat etwas Ergreifendes, wenn man findet, daß die Stimme des Greises im Weltkrieg Verständnis für die Sache der Mittelmächte zu wecken suchte. Er stirbt 1917. 1924 wurden die irdischen Reste in seine Heimat übergeführt und in der Kudlich-Warte auf dem Wachberg bei Lobenstein beigesetzt.

Der »Hack«

Das kleine, dicke, blaue Heft hat an manchem Schuld. Es war der Katalog der Harmonie-Bibliothek, und Frau Luz mußte furchtbar viel Nummern hinten auf den leeren Blättern notieren. Das Registrierverfahren der Entleihungen war sehr einfach. Die gutmütige Hausmeistersfrau erledigte diese berufliche Nebenfunktion ohne allen pädagogischen Ehrgeiz, was unsere literarischen Kenntnisse ungeheuer aufschwemmte, aber dem Demosthenes und dem Tacitus wenig förderlich, für die Vertrautheit mit der analytischen Geometrie geradezu ruinös wurde. Das haben wir damals nicht sehr hoch veranschlagt. Hier war die Gelegenheit geboten, die neuere deutsche Dichtung oder doch das, was dem Buchwart der verehrlichen Gesellschaft als dazugehörig erschien, kennenzulernen. Die »Literaturgeschichte«, die man zu Hause besaß, es war die brave von Robert Koenig, gab den Streifzügen einige Hinweise, auch Warnungstafeln. Von Friedrich Wilhelm Hackländer sagte sie, daß sich in seine Romane »frivole Züge« mischen. Das mußte die Neugier eher locken als schrecken. Die Aufzählung seiner Bücher beanspruchte in dem an Geschenken und Gefahren so reichen Heft über zwei Seiten. Und ein vielbändiger Roman versprach mit seinem Titel schöne Geschichten: »Europäisches Sklavenleben«. Das Amerikanische war uns gut geläufig: Frau Harriet Beecher-Stowe hatte ja einmal »Onkel Toms Hütte« geschrieben: als die Autorin 1896 starb, kam ein schönillustrierter Neudruck in Fortsetzungen heraus, an dem wir uns erwärmten. Hackländer mochte nun das Sklaventum in unserem eigenen Kontinent vorführen. Er besorgte das in einer sehr nachdrücklichen, gelegentlich aufregenden Weise. Der Mann war wohl damals, zum Ausgang des Jahrhunderts, schon ziemlich vieux jeu. Aber es gibt wenig Zäheres als den Ruhm, der sich in Leihbüchereien festgenistet hat. Der fand auch damals unsere konsumkräftige Jugend, doch löste er sich überraschend schnell in ungewisse, bewegte Schatten auf.

Die Wiederbegegnung ist eine nicht reizlose Verlegenheit. Sie sucht nicht eigentlich den Dichter oder die Dichtung, sondern die zeitgeschichtliche Erscheinung, diese Figur, die, vom Rheinland her in die schwäbische Biederkeit verschlagen, Stuttgart durcheinander brachte, ein paar Jahrzehnte lang der vielleicht gelesenste Erzähler Deutschlands war, Hofdienst machte und erfahren durfte, was fürstliche Gnade und Ungnade sei. Beamter, Literat, Zeitschriftenunternehmer, konnte er es, 1816 geboren, mit vierzig Jahren wagen, eine »Erste Gesamtausgabe« seiner Werke von zwanzig Bänden hinausgehen zu lassen, die bei seinem Tode, 1877, sechzig Bände umfaßte. Die Romane, Novellenbände, Reisebücher, Dramen hatten, für sich genommen, Auflagen von Zehntausenden erreicht; man wußte, man sah, daß er von der Feder ein reicher Mann geworden war, Häuser besaß, einen Park auf Stuttgarts Höhen anlegte, ein Sommerchalet am Starnberger See baute, durch Geselligkeit und einen gastfreien Lebensbetrieb brillierte, ein Mann von Welt, der denn auch seinen Lesern mit unverdrossener Laune die Welten zeigte, die großen und die kleinen, im Königsschloß und im Kaufladen, die Soldatenwachstube, das Maleratelier und die Technik des Balletts. Denn er kannte das alles. Das Leben hatte ihn in den jungen Jahren herumgewirbelt, unsicher, was es mit dem frühverwaisten, bettelarmen Lehrersohn aus Burtscheid anfangen solle. Seine Schulbildung war miserabel, die Freude an der Kaufmannslehre gering – ein Stück Romantik ließ ihn mit sechzehn Jahren den Eintritt ins Heer mehr oder weniger erzwingen. Er merkte bald, daß der Aufstieg zum Offizier doch nicht gelingen würde, und die Zivilversorgung als Zollbeamter konnte ihn nicht locken. Also versuchte er es wieder mit der Handlung, reiste für Zigarren, stand hinter dem Ladentisch – ein »Ideal« jedoch will sich nicht formen. In Düsseldorf hatten es ihm wohl die jungen Leute von der Kunstakademie angetan, darunter der Gespiele seiner Kinderjahre Alfred Rethel, in Elberfeld fand sich ein Kaufmannsgehilfe, der Gedichte machte und den man bestaunen mußte, den man auch als Freund und Vorbild gewann, Ferdinand Freiligrath. Das tragische Pathos dieser Jünglinge war nicht die Sache des etwas spielerisch unbekümmerten Optimisten. Aber als er ins Geschichtenlesen gekommen war – und er kam erst ziemlich spät an das heran, was man Literatur nennt – denkt er, es geht auch mit dem Geschichtenschreiben. Und es scheint zu gehen.

Stuttgart, sagte ihm ein Freund, der dorthin eine Buchhändlerstellung annahm, sei das Richtige für ihn, dort gebe es Verlage, Zeitschriften, geistiges Leben. Das leuchtete ihm ein, und im Jahre 1840 fuhr die Eilpost die völlig unklaren Absichten des zuversichtlichen Mannes durch die Stuttgarter Tore. Sie werden ihn nie mehr ganz entlassen. Im Grunde passen die schwäbische Hauptstadt und der namenlose rheinische Niemand ungewöhnlich schlecht zusammen, und sie haben sich im Elementaren nie recht angenommen; auch nachdem der Zugezogene bald ein Jemand und *weil* er ein sehr sichtbarer Jemand geworden war. Er blieb für die altschwäbischen bürgerlichen und beamtlichen Kreise der Hergelaufene, obwohl er sich zum mindesten um das gesellschaftliche Leben der Stadt verdient gemacht hat – die Art, wie er das anstellte, und die Sphäre, worin er sich dabei bewegte, machten ihn höchstens verdächtig. Durch den (unvollendeten) »Roman meines Lebens«, die Autobiographie, die nach dem Tode erschien, klingt die innere Fremdheit durch; das kulturgeschichtlich höchst aufschlußreiche Buch wirkt in Teilen wie eine Rechtfertigungs- und Verteidigungsschrift. Das, was den jungen Mann auszeichnete, muß eine unbefangene Laune gewesen sein, eine harmlose Plaudergabe, die auch über die im Schwäbischen seltene Eigenschaft der Selbstironie verfügte – so fand er unter den Theaterleuten Freunde, die ihm wohlwollten. Sollte er es nicht auf der Bühne versuchen? Das mißlang völlig. Denn der kecke Sinn versagte vor dem hellen Rampenlicht. Damit war es also nichts. Aber, meinte einer, er solle doch einmal die Geschichten aufschreiben, von denen er so nett zu erzählen wußte, von dem Oberst und von der Einquartierung bei den Manövern. Er tat es. Das wichtige »Cottasche Morgenblatt«, damals von Hermann Hauff, des Dichters Bruder, geleitet, druckte die Sachen ab, und Hackländer wurde von heute auf morgen ein berühmter Mann. Liest man heute das Büchlein »Soldatenleben im Frieden«, das übrigens neben den späteren »Wachstubenabenteuern« fast als einziges von Hackländers Schriften bis in unsere Tage gelegentlich neu gedruckt wird, so ist man wohl erstaunt, wie leicht es offenbar im Vormärz gewesen ist, berühmt zu werden. Die Dinge sind nett und munter geschrieben. Aber der rasche Ruhm folgte nicht einem sonderlichen sprachlichen Glanz, sondern dem stofflich Neuen, das da angepackt war. Der junge Verfasser hatte, ganz absichtslos, einen neuen literarischen Typus geschaffen, den es bislang nicht gab, die harmlose Militärhumoreske. Das

Urteil der Geschichte wird lauten: ein sehr fragwürdiges Verdienst mit vielerlei schauderhaften Folgen. Die Meinung der Leserschaft war anders: man freute sich an dem grob gerechten Obersten von T., dem verstimmten Hauptmann, dem edel besorgten Leutnant, dem poetischen Feldwebel. Der geschickte Takt des Erzählenden lavierte schon bei diesem ersten Auftreten sehr sicher zwischen den Klippen hindurch – die Geschichten hatten wohl eine Pointe, aber keine Tendenz. Sie fanden ihre Leser in allen Kreisen: nach ein paar Jahren durfte der Verfasser im Gespräch von dem Prinzen von Preußen, dem späteren ersten deutschen Kaiser, hören, daß auch dieser Fachmann nicht ohne behagliches Wohlwollen sich unterrichtet hatte, wie Kasernenleben und Rekrutenausbildung dem deutschen Publikum vermittelt wurden.

Hackländer erfuhr also, daß er jetzt ein Schriftsteller sei, und das verpflichtete: gleich mietete er sich einen Rollenabschreiber des Theaters und war entschlossen, weiter »drauf loszudiktieren«. Das etwas industrielle Moment seiner Produktion stand gleich an ihrem Beginn. Er gehörte nicht zu den besinnlichen Formern und Erfindern am Schreibtisch, sondern zu den plaudernden, auch schwadronierenden oder laut reflektierenden Diktiermenschen, die redend ein Gegenüber brauchen und die mit einem gewissen Training ihr tägliches Pensum wegdichten. Doch zu seinem Glück wurde es nun damit nichts. Das Schicksal hatte andere

Pläne mit ihm vor: der Oberst-Stallmeister des Königs beabsichtigte eine Orientreise, er ließ sich gern überzeugen, daß die Begleitung durch den anstelligen Mann unterhaltend und nützlich sei. So ging er also im Herbst 1840 in die Türkei, nach Syrien und Ägypten; zur Zeit, als der Konflikt des Mehemed Ali mit der Pforte begann. Das kümmerte ihn nicht zu sehr, er war zufrieden, farbige Sitten zu sehen und einen Schiffbruch zu erleben, den man bewegend schildern konnte. Es war selbstverständlich, daß man von all den Dingen im »Morgenblatt« berichtete – Freiligrath, der von den Gluten der Wüste nur träumen durfte, hat dem beneideten Freunde damals eine große dichterische Huldigung gewidmet. Aber Hackländers Meisterstück wurde dann dies, daß er drei arabische Pferde, die für den Marstall gekauft waren, gut von Genua nach Stuttgart brachte; der König Wilhelm I., der sich um die Pferdezucht in seinem Lande sehr kümmerte, wußte seitdem: mit dem Mann ist etwas anzufangen.

Aber was? Hackländer selber machte sich darüber kaum große Gedanken. Er schwamm durch ein heiter geselliges Leben. Das berührte sich mit manchen der Dichter und Literaten, die damals in Stuttgart saßen, doch wurde der Fremde da nicht ganz voll genommen; aber die Kreise um den Hof zogen ihn heran, der Adel, die jungen Leute der Neipperg und Hohenlohe; in ihrer Mitte erschien auch der Kronprinz Karl, der nicht recht wußte, was er mit sich anfangen sollte; die Universität hatte er hinter sich, das Militärische paßte ihm nicht, vor der pedantischen Beaufsichtigung durch Hofmarschälle graute ihm. Seine schüchterne Natur drängte aus dem Zeremoniellen heraus, er wollte etwas erleben, gelöst, beschwingt sein. In Stuttgart schüttelte man den Kopf, als ruchbar wurde, daß der Thronfolger gelegentlich in einer Wirtschaft in Zuffenhausen kneipe, und man erschrak, als im Herbst 1843 unmißverständlich klar wurde: der Kronprinz hat den Hackländer zu seinem Sekretär gemacht, der König hat das bestätigt! Das konnte unmöglich gut ausgehen!

Eigentlich ließ er sich nicht schlecht an. Den Hackländer hatte man als Lehrbuben für höfisches Rechnungswesen eine Zeitlang auf die Hofkammer gesteckt, daß er die Kassenführung erlerne. Das war gut und nützlich. Denn es wurde ganz kräftig Geld ausgegeben, und als die Leute später, nachdem Hackländer »in Ungnade« gefallen war, heftig und laut auf ihn schimpften, hat er selber eine Überprüfung mit ruhigem Gewissen durchsetzen können. Zunächst ging alles glänzend: der Prinz war sechs Jahre jünger als sein Adlatus, für den aber begann die Zeit, da er in der großen Welt nicht bloß Schwabens – die war ja klein beieinander –, sondern Europas berufstechnisch heimisch wurde. Denn nun ging die Reisezeit los, der Kronprinz – in England war er schon gewesen – mußte sich an den Höfen vorstellen, in Italien, in Deutschland; schließlich führte der Weg nach Petersburg, wo der künftige württembergische König in Olga, der stolzen Tochter Nikolaus I., seine Gattin findet. Der Sekretär war dabei unentbehrlich, gewiß nur Randfigur, aber immer gegenwärtig und immer mit hellen, unsentimentalen Augen Menschen und Begebenheiten sammelnd. Und zu Hause konnte er seine geschäftlichen Talente entwickeln: für die Hofhaltung des kronprinzlichen Paares mußte ein eigener Raum geschaffen werden. Denn die Intimität in der königlichen Familie ließ zu wünschen übrig. Hackländer wurde die treibende und ordnende Kraft beim Bau der sogenannten »Villa Berg«, für die sein Freund Leins die Pläne entwarf. Man hoffte, die russische Familie würde zu den Kosten etwas springen lassen. Darin täuschte man sich. Aber dem König gefiel es, wie glatt und rasch die Dinge vorangingen. Er erinnerte sich dessen später.

Seit dem Jahre 1843 hatte Wilhelm I. sich den »kosmopolitischen Nachtwächter« von ehedem, Franz Dingelstedt, als Bibliothekar und Vorleser herangeholt. Der wurde nun der überlegene Spießgeselle Hackländers; sie arbeiteten in heiterem Unfug, parodistischen Liebhabertheatern (wobei der Kronprinz mitwirkte), fröhlich-lauten Festen zusammen, die Stuttgart ziemlich skandalisierten; ein literarischer Verein, »Die Glocke« gab den Rahmen dazu. Die Einheimischen reagierten darauf nicht viel anders als ein Jahrzehnt später die Münchener auf die »Berufenen«, die »Nordlichteln«, mit denen der König Max dem geistigen Leben seiner

Hauptstadt einige Injektionen gab. Das Jahr 1848/49 machte dem Zauber ein Ende. Ein gut Teil der gesinnungstüchtigen Volksverstimmung, da sie den in seiner Art überlegenen und tüchtigen König nicht angehen wollte oder konnte, wandte sich gegen die »Höflinge«. Dingelstedt und Hackländer wichen nicht feige aus, ja sie versuchten, gegen Ludwig Pfaus radikales Witzblatt »Eulenspiegel« ein loyales Gegenorgan »Die Laterne« in die Welt zu setzen. Aber die Gruppen, für die sie kämpfen wollten, gaben ihnen keinen Rückhalt. So währte Hackländers Gastrolle in der »aktiven Politik« nur ein paar Monate; zur angreifenden Satire fehlte seinem im Grunde liebenswürdig-verbindlichen Naturell Schärfe und sachliche Leidenschaft.

Im Frühjahr 1849 trennte sich der Kronprinz Karl ziemlich brüsk von seinem verwöhnten »Hack«. Er wurde nicht dem Volksunwillen geopfert, sondern den Wünschen der Kronprinzessin. Die wollte nicht durch die Gegenwart dieses bürgerlichen Emporkömmlings an die leichten Zeiten ihres Mannes erinnert werden. Auch entsprach dessen Art, die höfischen Dinge darzustellen, nicht ihrem Stil. Hackländers »Sturz« war für ihn immerhin erträglich: der König, der ihn gern hatte, ließ ihm sein Gehalt weiter zahlen. Und zum Trübsalblasen, falls irgendwelches Talent dazu vorhanden gewesen wäre, blieb jetzt dem Entlassenen gar keine Zeit: in Oberitalien kämpfte eben Radetzky gegen Carl Albert von Piemont: schleunigst sandte ihn Cotta ins österreichische Hauptquartier als Berichterstatter, und Wilhelm gab ihm Empfehlungen an seinen Waffengefährten aus dem Jahre 1814/1815 mit auf den Weg. Durch die in der Bildungsschicht verbreitete »Allgemeine Zeitung« erfuhr man bald genug, daß der Hackländer schon wieder fest auf seinen Füßen stand, und da der alte Feldmarschall ein vergötterter Volksheld war, ließ sich nett, ohne taktlos zu werden, mit einer vertrauten Intimität kokettieren.

König Wilhelm, damals achtundsiebzigjährig, holte sich Hackländer nochmals heran und machte ihn, da er mehrere größere Bauten einleitete, zum Bau- und Gartendirektor. Die Empfindungen seiner Schwiegertochter waren ihm gleichgültig. Hackländer hatte selber mit dem Heidehof, auf den Höhen über der Stadt, als privater Parkgestalter praktiziert. Jetzt griff er wieder zu, mit dem Talent des Förderns und Arrangierens – ihm mußte dieser Ruf als eine höfische Rehabilitierung erscheinen. Der Thronwechsel von 1864 machte dem neuen Amt ein sehr schnelles Ende. Mit einer amtlichen Störung seines Dichterberufes brauchte der Mann nun nicht mehr zu rechnen.

Seit dem Jahre 1850 produzierte er Romane, Novellen und Lustspiele. Das Stoffliche konnte ihm keine Verlegenheiten mehr bereiten: in wieviel Berufen hatte er sich bewegt, in wieviel Sphären hineingeguckt! Gleich fing er mit »Handel und Wandel« an, für das die Kaufmannsjahre die Voraussetzung bildeten; das Buch mag als ein Vorläufer des Freytagschen »Soll und Haben« gelten. Aber das »Milieu« bot ihm nur die auswechselbare Kulisse, zur richtigen Milieuschilderung fehlte ihm die Geduld. Die realistische Sinnenhaftigkeit kann eine Umgebung hinstellen; es ist gar nicht übel, wie einer seiner Freunde anmerkt: »Wenn er in einem Zimmer eine braune Ledertapete beschreibt, so meint man, es spreche zugleich ein Tapetenfabrikant, Lederhändler und Schriftsteller.« Passieren muß etwas in den Geschichten. »Man durfte ihm nur einen pikanten Titel sagen, er dichtete sich mühelos seine Einfälle dazu.« Um die war er bei dem Drauflosdiktieren nicht verlegen. Er hat sich auch um die Komposition nicht zu sehr gekümmert, immerzu schürzte er neue Konfliktsgefahren für seine Helden; es lag ihm auch nichts daran, diese psychologisch zu motivieren, er arbeitete mit einem handfesten Vorrat von Chargen, brachte ganz gute Gespräche zusammen. Waren die Geschehnisse unwahrscheinlich? Der Einwand würde ihn verwundert haben. Natürlich waren sie unwahrscheinlich, aber gerade deshalb unterhaltend, und mehr wollte er nicht leisten. Was hieß übrigens unwahrscheinlich? Sein eigenes Leben, das einen gutartig vergnügten Menschen ohne sonderlichen Ehrgeiz, ohne Talent zu Streberei oder Intrige, aus anständiger Gedrücktheit in die Höhe schickte, mußte ihm darüber eine weite Auffassung gewähren. Er hat das Staunen nie ganz verlernt. Aber es war ein dankbares Staunen. Literaturgeschichtlich ist es so: die

Romantik war vorbei, das »Junge Deutschland« verebbte, und die Nation geriet nach deren Ansprüchen in eine gewisse Katerstimmung.

Da war solche, nicht gerade schwere, aber geschickt gemischte Kost willkommen und bekömmlich. Hackländer ist als Literat weniger interessant wie als Zeiterscheinung, aber auch seine Werke spiegeln eine Zeit. Natürlich haben Dickens und Makart sehr wenig oder gar nichts miteinander zu tun, aber Hackländer, zeitlich zwischen ihnen stehend, hat mit beiden zu tun: ohne den Engländer ist ein Teil seiner epischen Technik, ist der Einschlag sozialer Sentimentalität nicht zu denken, und dem werdenden Makartstil dient sein Bedürfnis nach dekorativem Gepränge als eine Art von Vorbereitung.

Hackländer, der sich selber in seinem Lebensbuch mehrfach einen »unverwüstlichen Humor« bestätigt, konnte ohne Geselligkeit und Betrieb nicht leben. Er gründete, leitete, beeinflußte Familienzeitschriften (auch hier Dickens nachfolgend), die »Hausblätter«, die »Sorgenlosen Stunden«, Über Land und Meer«. Und als die »Glocke« der vierziger Jahre zersprungen war, schuf er sich 1850 in der Künstlergesellschaft »Bergwerk« einen Ersatz, einer bunten Vereinigung mit skurrilen Riten, die im Hotel Marquardt tagte und tafelte; die Mitglieder mußten wacker mit dichterischen und künstlerischen Beiträgen ihre Würdigkeit erweisen. Das Tempo war wohl etwas gedämpfter als damals, da der

Hereingeschneite als der böse Geist des jungen Hofadels galt. Inmitten des Kreises saß durch Jahre, wohlgelitten und doch mit einem Gefühl der Fremde, ein stiller Mann. Sie hatten ihm den Spitznamen »Krähe« gegeben. Seine Augen ruhten wohl mit nachdenksamem Verwundern auf dem »Bergmeister«, der alles so wichtig betrieb. Man konnte den nicht ganz so wichtig nehmen, konnte ihm aber auch nicht böse sein. Wilhelm Raabe kreuzt Hackländers Spuren, sie grüßen sich mit Nachsicht – während der eine durch den Tagesruhm hindurcheilt, um in die Vergessenheit zu stürzen, beginnt der Jüngere den schweren, langsamen Anmarsch in die Unsterblichkeit.

Mehemed Ali

Bismarck und Brockhaus sind über die genaue Herkunft des Mannes nicht ganz einig: im Lexikon wird notiert, daß er am 18. November 1827 in Brandenburg a.d. Havel geboren wurde, bei Bismarck ist er »der Magdeburger«, und wenn der Kanzler das Wort sagt, ist ein verärgerter Ton drin. Es paßt ihm nicht recht, daß dieser Muselmann aus seiner Nachbarschaft stammt. Daß die Ungewißheit schon über dem Anfang der Mehemed-Legende steht, ist charakteristisch; sie begleitet dies Leben, das uns doch zeitlich so nahe liegt, durch Jugend und Mannesjahre. Sie gehört offenbar zu seiner Anlage, und man mag sie nicht recht auflösen. Denn vielleicht verfliegt dann die Romantik vor nüchternen Banalitäten. Es ist nicht bekannt, daß die beiden Städte in einen Wettbewerb um diesen möglichen Sohn getreten sind, der immerhin einmal eine Tagesberühmtheit war und die Phantasie unserer Großväter lebhaft beschäftigte. Hätte er, der 1877 einige Monate der Generalissimus der türkischen Armee im Kriege mit Rußland gewesen ist, nicht nur ein paar Gefechte und mittlere Begegnungsschlachten, sondern den ganzen Feldzug gewonnen, so wäre sein Name mit Rang und Klang in die Geschichte eingegangen. Vor der Bewährung wurde er abgerufen, ein Opfer seiner Gegenspieler bei der Hohen Pforte. Doch ist wenig wahrscheinlich, daß ihm nur die landesüblichen Intrigen damals einen möglichen Ruhm geraubt haben. Sie löschten seinen Namen nicht völlig aus, der Mißerfolg seines Nachfolgers hat sein umstrittenes Feldherrntum wieder etwas rehabilitiert und schließlich den Soldaten in die große europäische Politik und Diplomatie entsandt. Dort war es, wo er Bismarck begegnete. Aber der Fürst zeigte wenig Lust, dem entlaufenen Landsmann eine Probe seiner gewinnenden Liebenswürdigkeit zu gönnen.

Mehemed Ali war nämlich richtig entlaufen, seiner Heimat, seinem Beruf, seinem Namen, seinem Glauben. Es ist nicht ganz leicht, ein Bild von seiner Jugend zu gewinnen. Damals, als er im Sommer 1877 an die Spitze der türkischen Armee gestellt wurde, haben in deutschen Zeitungen Leute von ihm erzählt: ein früherer Mitschüler, dann ein deutscher Lehrer, der an die Stambuler Kriegsakademie beurlaubt gewesen und sich jetzt des ehemaligen Zöglings erinnerte. Danach hat der Sohn des Musiklehrers Detroit, der junge Karl Detroit, die ersten Klassen des Magdeburger Domgymnasiums besucht. Vorher hatte ihn der Pfarrer der reformierten Gemeinde unterrichtet. Die häuslichen Verhältnisse waren bescheiden: der Vater ließ die Mutter mit zwei Kindern sitzen, verzog nach Berlin, die französisch-reformierte Gemeinde nahm sich der Kinder an. Aber mit dem Fertigmachen der Schule, in der sich der Knabe, »ohne gerade Primus zu sein, in den vorderen Bänken hielt«, war es nun nichts mehr. Als er eingesegnet war, im März 1842, steckte man ihn in eine Kaufmannslehre; das französische Waisenhaus vermittelte das. Doch dem Jungen behagte es nicht lange. Er zog los an die Küste, wurde Schiffsjunge – nun mochte er sehen, wie er sich einen Beruf schaffen und eine Welt erobern könne. Das besorgte er auf seine Weise.

Das Seemannstum hielt ihn wenige Jahre. Die Wahl des Kapitäns scheint wenig glücklich gewesen zu sein, der Ton auf dem Schiff roh, es gab gelegentlich Prügel – Karl Detroit brannte durch. Auch darüber gibt es verschiedene Versionen. In den »Erinnerungen eines preußischen Offiziers« über »Elf Jahre Balkan« erzählt der ungenannte Verfasser, der wiederholt der Gast des türkischen Generals gewesen war und in sehr freundlichem Ton von ihm berichtet, daß Detroit im Sommer 1847, als der Hamburger Dreimaster in den Bosporus einlief, einfach ins Wasser gesprungen und, bevor ein Boot ihn einholen konnte, ans Land geschwommen sei: er »steigt nun in möglichst adamitischem Zustand die Marmortreppen empor in den Park Ali Paschas, des damaligen Ministers der Auswärtigen Angelegenheiten«. Eine andere Notiz verlegt diese Flucht bereits in das Jahr 1843. Immerhin: so viel ist gewiß, daß mit einem seltsamen Glück der junge Deutsche an der richtigen Stelle landete: der Minister nahm den Anadyomenos, diesen dem Meeresschaum entstiegenen Fremdling, gastfrei auf. Er wurde zur Schicksalsfigur. Der Türke war westeuropäisch gebildet, und da der Hugenotten-Sprößling auch das Französische beherrschte, hatte die Verständigung keine Not – um solche Geschichten wie Polizei, wie Staatsangehörigkeit kümmerte sich der Minister nicht weiter, und vermutlich hat sich der Hamburger Kapitän auch keine weiteren Ungelegenheiten wegen des aufsässigen Preußen machen wollen. Detroit aber gab sich dem Abenteuer dieser Rettung und Begegnung mit allen Konsequenzen hin, die ihm die Rückkehr in die deutsche Heimat unmöglich machten – er trat zum Islam über.

Ob und wie weit das lediglich ein technischer Entscheid war, ist schwer auszumachen; es wird auch nicht überliefert, in welchem Alter Detroit diesen Schritt vollzog, nach dem er sich Mehemed Ali nannte. Offenbar und aus naheliegenden Gründen hat er sich, der in manchen der späteren Memoiren als lebendiger, unterrichteter und unterrichtender Gesprächspartner geschildert wird, über diesen Punkt nicht ausgelassen. Blowitz, der Pariser »Times«-Korrespondent der siebziger Jahre, sagt von ihm: »Auch er war überzeugt, daß das Vaterland weder in Europa noch in Asien noch in Afrika ist, sondern nur da, wo die Fahne des Propheten entfaltet wird.« Aber diese etwas blumige Floskel sagt im Grunde nichts darüber, ob religiöse Motive in dem »Renegaten« ursprünglich waren. Geglaubt hat sie ihm niemand recht, weder der türkische Partner, als er so weit war, die Gefühle der Konkurrenz und des Neides zu erfahren, noch etwa der in Stambul ansässige Deutsche, der in ihm immer etwas wie einen Landsmann sah. Denn als er seinen Aufstieg gemacht hatte, waren persönliche Beziehungen zur deutschen Kolonie in Stambul vorhanden. Er wußte die eigentümliche Doppelrolle in offenbar ganz gutem persönlichem Stil durchzuführen.

Ali sandte ihn auf die türkische Kriegsakademie, an der französische und deutsche Lehrer wirkten. Einer von diesen, Flamm, der 1849 einem Rufe folgte, beschreibt 1877, daß der Schüler die Spitze in seinem Jahrgang hielt, so daß der Leiter der Anstalt ihn 1853 zu seinem Assistenten machen wollte; der deutsche Lehrer bekam von Mehemed türkischen Sprachunterricht. Der Minister aber sorgte für die Karriere in der aktiven Armee. Das Verhältnis Mehemeds zu seinem türkischen Beschirmer, der den Rang des Groß-Wesirs gewann, ist nicht ganz durchsichtig; Bülow, der in seinen Denkwürdigkeiten nicht ohne Sympathie von Mehemed spricht, vermerkt, daß ihm diese Protektion »manche üble Nachrede eintrug«. Wie dem nun sei: 1853 wurde der junge Leutnant in den Stab des Oberbefehlshabers der türkischen Armee geschickt. In der Umgebung von Omer Pascha machte er den Krim-Krieg mit. Dieser Omer war auch ein »Renegat«, ein österreichischer Offizier kroatischen Geblütes, der Mohammedaner geworden war – im Beginn seiner Soldatenkarriere erlebte Mehemed Ali das Beispiel einer Laufbahn, an deren gleichem Ende, unter verwandten Voraussetzungen, ein Vierteljahrhundert später er selber stehen sollte. In dem Generalstab, in dem sich Militärbeobachter aus aller Welt zusammenfanden, war der gut aussehende deutsche Türke wohl am Platz; seine Sprachkenntnis erwies sich als nützlich. Von besonderen Taten ist aus diesen Feldzügen nichts berichtet. Aber Ali sorgte, daß er vorankam. In dem weiten Gebiet des damaligen osmanischen Reiches war ja immer etwas wie Krieg, und wenn es auch nur militärische Pazifikation war – sicher wird man Mehemed Ali nicht in die Reihe der Moltke und von der Goltz stellen, die in der Türkei lehrten und zugleich einiges von der Praxis der Kriegführung lernten. Doch scheint auch Mehemed Ali tapfer strategische Theorie getrieben zu haben. Er galt, was ihn nicht in allen Teilen empfahl, als »denkender Soldat«, aber, so meinte ein späterer Kritiker, die Kenntnis seines Pönitz, Clausewitz und Willisen ersetzte nicht den Mangel an ursprünglicher genialer Eingebung. Immerhin tat er sich hervor, als im Jahre 1867 in Kreta der große Aufstand ausbrach; der Vierzigjährige war jetzt Generalmajor. Es folgte die Befriedung von Thessalien, ein zäher Kampf mit den Komitadschi, die als Räuberbanden galten. Dort konnte er im Kleinkrieg vorübergehend vollen Erfolg erreichen. Er scheint sich dann auch in Thessalien als Grundbesitzer angekauft zu haben.

Der Balkan sollte aber nicht mehr zur Ruhe kommen. Seine Völker wollten von der Hohen Pforte frei werden, am Goldenen Horn selber wechselten unter dem Einfluß der Mächte, unter dem Druck der Cliquen des Serails, im Intrigenspiel der rivalisierenden Hof-, Partei- und Militärgruppen die politischen Kombinationen. An diesem Hin und Her, das 1876 zur Ermordung des Sultans Abdul Azis führte und nach einem Zwischenspiel mit Murad V. zu dem Sultanat von Abdul Hamid, war Mehemed Ali nicht beteiligt. Er blieb nur Soldat, stand als Generalleutnant an der serbischen Grenze, und als Serbien und Montenegro 1876 den Krieg gegen die Türkei eröffneten, trat er ihnen, jetzt in einem selbständigen Oberkommando, siegreich entgegen. Er hatte albanische Soldaten, mit denen er es gut verstand; sie hingen an ihm und er hat später gemeint, mit ihnen hätte sich auch an der Donau siegen lassen.

Die Erfolge bei den Gebirgskämpfen gaben ihm einen gefährlichen Ruhm. Als nach dem Ausbruch des Russisch-türkischen Krieges 1877 der Oberbefehlshaber Kerim versagte, berief der Sultan im Juli des Jahres den bisherigen Divisionär an die Spitze der Donau-Armee, mit dem Rang eines Marschalls. Zweieinhalb Monate führte Mehemed Ali den Oberbefehl. Aber nach seinen anfänglichen Siegen, wobei er die Russen am Lom zurückdrängte, geriet auch sein Operieren in Stagnation. Offenbar waren die Truppen, die er übernahm, darunter auch die ägyptischen Hilfsformationen, in keinem sehr brauchbaren Zustand. Er hat sie in die Höhe zu bringen verstanden, aber es gelang ihm nicht, seinem Rivalen Sulamein Pascha gegenüber Autorität zu gewinnen. Der ließ die türkischen Elitetruppen im Anrennen gegen den Schipka-Paß verbluten, er wollte seinen Sieg, den er, im Oktober Mehemeds Nachfolger geworden, dann doch nicht erreichte. In der großen Springerschen Darstellung des Krieges wird das Mißverhältnis zwischen dem leitenden Mann und seinen Unterbefehlshabern als entscheidende Hemmung angesehen, daß Mehemed in der wichtigsten Periode nichts wagte. Auch mangelte es seinem Naturell an »offensivem Geist«. Springer sagt von ihm: »Dieser General war von hervorragenden persönlichen Eigenschaften, durch und durch Gentleman, ausgestattet mit vielen Vorzügen des Geistes und des Herzens, ein nobler Charakter, ein treuer Freund und sorgender Familienvater, er war auch in seinem Beruf bis zu einem gewissen Grade tüchtig, aber ein Feldherr war er nicht.«

War er ein Diplomat? Der Krieg ging für die Türken verloren. Man holte Mehemed Ali, der Kommandeur von Stambul geworden war, zu den Waffenstillstandsverhandlungen, und dann sandte man ihn als den zweiten Delegierten der Pforte auf den Berliner Kongreß; der Fanariot Caratheodori, von Geburt und Glaube ein Grieche, war der erste, der türkische Botschafter in Berlin, eine unerhebliche Figur, der dritte. Bismarck empfand die Entsendung des Mannes als eine Taktlosigkeit:

»Am Ende ist der Magdeburger der einzige Muselmann unter den Dreien!« Die Situation war nun in der Tat seltsam genug. Eine Abenteurernatur war dieser davongelaufene Schiffsjunge nicht, wenngleich er nach einem Wort des französischen Grafen Mouy bei vielen nur als »un aventurier sans consistance« galt, aber es war doch eine abenteuerliche Sache und für die preußischen Offiziere einigermaßen peinlich, daß da ein türkischer Marschall erschien, der, von ihnen aus gesehen, schließlich ein – Deserteur war. Mehemed Ali bekam das zu spüren. Mochte die Pforte glauben, seiner Weltgewandtheit werde es gelingen, eine gewisse Position zu gewinnen, so hat sie sich darin nicht getäuscht; gewiß hatte keiner der Delegierten einen so absonderlichen Lebenslauf hinter sich, und war er für die deutschen Staatsmänner ein wenig störend, so doch für die anderen und auch die Öffentlichkeit zum mindesten interessant. Er hat für die Türkei nicht viel erreichen können, und es scheint, daß er auch mit völliger realistischer Resignation die Aufgabe übernahm. Um das Gesicht zu wahren, mußte er Schwierigkeiten machen. Als einer der wenigen Delegierten, die Land und Leute kannten, gab er auch seinen sachlichen Rat. Da es sich aber im Großen um eine russisch-englische Auseinandersetzung handelte, blieb das wenig beachtetes Beiwerk. Für den Sultan war es wohl bequem, »richtigen« Türken das Zugeständnis der Niederlage, die Unterschrift unter die Territorialverluste nicht zuzumuten. Der Grieche und der Deutsche mochten als Kugelfang dienen. Mehemed Ali war ein loyaler Diener der Hohen Pforte geworden.

Durch die Memoiren der Hohenlohe, Radowitz, Bülow gespenstert er. Sie sind alle beeindruckt von dem Unwillen Bismarcks. Auch der Franzose Graf Mouy notiert, daß der Kanzler nur mit ausgesprochen schlechter Laune über den türkischen Delegierten spricht und in ihm nichts sieht »qu'un gamin de Berlin«; er findet das etwas hart, denn Mehemed besaß »une certaine culture philosophique et littéraire«. Das bestätigt auf seine Weise auch Hohenlohe. Er erzählt: Mehemed Ali habe in der Pause einer Sitzung Gedichte vorgelesen, die »gar nicht schlecht« seien, eines freilich »schauderhaft gemein«. Es ist eine etwas paradoxe Vorstellung, daß der Pseudo-Türke zwischen den Beratungen seine »Rose von Jericho« rezitiert. Anton von Werner, der mit den wärmsten Worten von dem Manne redet, geht gleich aufs Ganze und nennt ihn einen »Dichter, der Gedichte in deutscher, französischer, griechischer, persischer und arabischer Sprache mit gleicher Leichtigkeit verfaßt haben soll«. Dies »haben soll« ist ein charakteristisches Echo der Legende, die sich um Mehemed Ali in den Berliner Wochen spann.

Werner findet ihn mit seinen hellblauen Augen und dem blondgrauen Vollbart »eine echte deutsche Landsknechterscheinung, aber elegant in seinen Manieren«. Auf dem großen Kongreßbild, das Werner für das Berliner Rathaus gemalt hat, steht Mehemed Ali am rechten

Tischende: in einer leichten Bewegung nach vorn gebeugt, ein fester, kluger Schädel; der Fes wirkt in der Tat etwas fremd auf dem Kopf, der so gar nichts Orientalisches hat. Nach dem Zeugnis von Blowitz hat Bismarck ihm mächtig imponiert; er litt unter dem Geschnittenwerden, ließ es sich aber nicht merken.

Im Anschluß an den Berliner Kongreß besuchte er die Stätten seiner Kindheit – Gruson zeigte ihm die Industrie, die inzwischen in Magdeburg erstanden war. Auch in die Kirche ließ er sich führen, in der er konfirmiert war. Die Magdeburger waren nett zu dem Mann, der jetzt nur staunen mußte, wie viel sich gewandelt hatte. In ein Stammbuch schrieb er die Übersetzung eines arabischen Liebesliedes, die später einmal in der Zeitung abgedruckt wurde; die einzige Probe seines literarischen Vermögens, die auf uns gekommen ist, und die immerhin eine Vorstellung davon gibt, daß er auch als Dichter gelten mochte. Sie ist sprachlich sauber, mit verhaltener Gefühlskraft.

Die Durchführung der Kongreßbeschlüsse machte, zumal in den Grenzbezirken, Schwierigkeiten. In Albanien gärte es gegen Montenegro. Mehemed Ali, der für Innehaltung der Verträge war, reiste Ende August in das Land; er traute es sich zu, die erregten Menschen beruhigen zu können. Denn gerade in ihrem Gebiet hatte er zwei Jahre zuvor siegreich gekämpft. Mit zwei Offizieren und zwanzig Mann Begleitung ging er nach Djakowa. Aber man mochte ihn nicht hören, als er von einem Balkon zur Menge sprechen wollte; der alttürkische Gouverneur hatte ausgestreut, daß dies der Verräter sei. Es gab Tumult. Er schlug sich durch nach Ipek, wo ihm ein Albaner sein Haus anbot. Doch die Bewaffneten folgten. Das Haus wurde angegriffen, der Marschall, die Offiziere, die zwanzig Mann, der Gastgeber wurden beim Versuch des bewaffneten Durchbruchs niedergemacht. Sechzehn Wunden, darunter acht tödliche, habe Mehemed Ali empfangen, meldete man aus Stambul nach Berlin. Er wurde das erste Opfer der Kongreßbeschlüsse. Sein Ende wirkte in Europa für einen Augenblick erschütternd – man spürte die Tragik, daß ein immerhin außerordentliches Leben von denen vernichtet wurde, in deren Dienst es sich begeben hatte. Aber der Soldatentod des sorglos zuversichtlichen und dabei persönlich immer tapferen Mannes gab doch dem Ausgang einen nicht bloß romantischen, sondern auch versöhnenden Schimmer.